次易原理

上卷

（二）

陳 永 騰 著

文史哲出版社印行

正卦下經

窄義卦

窄義。識濾不續，習息自固，不利貞。

彖曰：窄義，慣而不恤新，識行窠臼承亨，似通，實失真智大行矣，故不利貞。

象曰：上復下小過，窄義。智者不謹居，不仰人。

上六，時過天翦，小亨。

象曰：時雖過矣，窄義也，亦天翦，用之可小亨。

六八，過棄窄是，厄。

象曰：常息作矣，過棄窄是，是自棄也，厄。

六七，恍復，自審，利艱貞。

象曰：恍復，時人雖不恤，自審求義，利艱貞，有得。

六六，虛廣，有夢，經綸鑿空，終有得。

象曰：鑿空雖虛，越之窄義，終有得也，吉。

六五，我位不達，厄，無咎。

象曰：雖不利貞，厄，近義可越，無咎。

九四，乖時，終凶。
象曰：窄義運盡，時不與，終凶。
九三，小過鳥遺，窄遠可達，吉。
象曰：其上智逆求，下愚順之，雖窄義而可達，吉。
六二，時人以鄙，不恤，亨。
象曰：時人放利，不恤其鄙，貞行，亨。
初六，弗時愈廣，毋棄，利攸往。
象曰：識機時達也，廣之毋棄，故利攸往。

陰辨：◎窄義，意識因天翦形勢的狹窄性。相對死板的情境流程，可以多方向曲變，而在天翦形勢下，使用過程卻取窄損之義。很多思想境地之義，智力可以達到，然而慣用常習生存慾望的經驗，所給予的思路，以致於所能理解的時義，相當窄小。◎意識實際上時常跨越窄義之限，而又會主動將之過濾，只集中在經驗以爲「實用」的路徑上。這種狀況，實際上只是延續物種生存意義，並非真實的文明意識，所以人類只語言，只是高等版，或稱精緻版的動物意識。相距同爲變易體所降，而沒有生存型態的法則，遠甚。這是根本的起步點，就有運行的差異。

陽識：◎在生長與活動當中，會計劃性死亡細胞，以及修剪神經元，其目的是強行保存常用，與已經形成的迴路，然而那些死亡或是被修剪者，很可能就會是能架構優越技能者。而在現實人與人的活動中，也都運行這種細胞延續的慣性。把自身廣義的意義，窄化成既存意義。

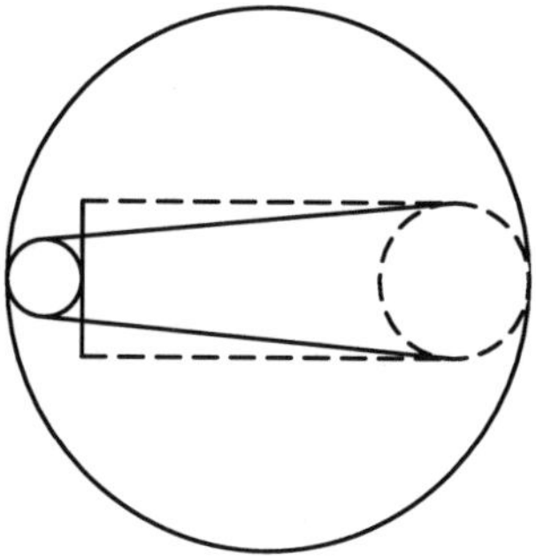

⚋⚋⚋⚋⚊⚊⚋⚋⚊ **套源卦**

套源。分翦健減，易具形套，貞固。

彖曰：套源，體具層演而動健分減，雖可精勵，易型具矣，不利悠遠。

象曰：上臨下隨，套源。學者以判種性之能。

上六，套源規具，貞固。

象曰：易限也，謹倚規具，貞固。
六八，勵精義，元亨，吉。
象曰：雖未立健，勵精義，行久元亨。
六七，演隨義，無咎。
象曰：套源之具，演則隨義，亦可塑制，無咎。
六六，套源健損，不利攸往。
象曰：健損，精末而枯本也，不利攸往。
九五，激息分健，往難。
象曰：已具而激息用始，速分健，往演而愈難。
九四，情彰盛，伏寡，遠厄。
象曰：顯情雖盛勝，伏寡矣，遠後必厄。
六三，源息進隨，行攸往。
象曰：體具源息，必進隨，易定矣，套源成而型行攸往。
六二，放臨始鳴，終厄，凶。
象曰：縱放所臨，始鳴不精矣，凶。
初九，寡翦塑精，貞吉。
象曰：寡翦健損，而層可增延，塑其精也，貞吉。

陰辨：◎套源，體具形成的演化，其新型層功能的動健根本，源於原型層，層層轉化分流而變作，才會有最終的型層端的功能。◎是故體具形成的最終功能，其動健之力最寡，入情境體觀，可延伸的型態雖最精緻，情境的彰顯雖最盛，情境的潛伏卻最寡弱，也就是最短壽。

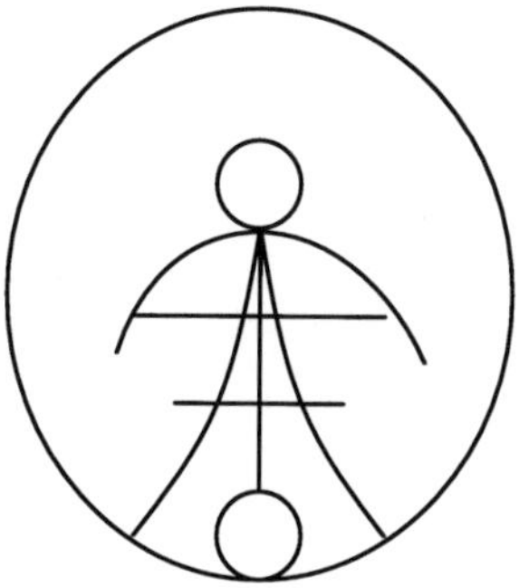

陽識：◎每一層型態會逐漸減少型態動健之力，這代表，假設有一種方式，把演化潛力全部發揮，而有最終端的型態，其展現的功能將是情境潛伏最短，而彰顯最長，即壽限最短暫，而控制外界物質的能力，相比之下最精粹。◎動健之力越減損，其所能演變而成的穩固型態，存在契機也越少。◎假設將演化的其中一個方向，勉強解釋爲進化，其意義也只在於，型層態勢的極限延伸而已，並不會改變內在根本的動健強弱。故真實而完整的進化，並不存在。◎大腦演變，灰質雖然主管人類智能，形成文明的情境狀態，但是其運行動力，都是來自於白質與延腦的綜合延伸。白質運行根本，則來自於延腦各功能的延伸。假設人類不會那麼快滅亡而還有悠遠的演化史，灰質的未來，所延伸出去的形層，存在機會必然比，白質延伸出新態勢的機會更少。即人類未來的演化，絕大多數狀況，不會比現在更聰明。

⚋⚋⚋⚊⚋⚊⚊⚋⚋ 聚度卦

聚度。總不施，行覽隨翦，不利攸往。

彖曰：聚度，聚規而見，無所總御，進求總度而求綱，利涉大川。

象曰：上明夷下旅，聚度。智者以總綱辨維。

上六，聚度明夷，雖倚而落伏。

象曰：聚度明夷，覽窮而新易必生，其明落伏，未位也。

六八，聚晰大綱。

象曰：聚晰大綱，雖顯見，亦未可利。

六七，蒙總，無咎。

象曰：雖隨翦，蒙總其然，無咎。

九六，隨翦垂憲，厄。

象曰：不御矣，雖明麗亦隨翦，厄。

六五，虛義解構，貞厲。
象曰：虛義解構，有精誠，然處虛而不整，貞厲。
九四，寡機，貞凶。
象曰：隨翦後伏，寡機矣，貞凶。
九三，旅循之蔽。
象曰：旅循，外干蔽也，不利攸往。
六二，取止，大利悠遠。
象曰：雖止於美，不失上，故大利悠遠。
初六，綱總聚度，吉。
象曰：聚度建極，其能上作，吉。

陰辨：◎聚度，辨識總體後，其本身體具建制與其演變。◎倘若一智能辨識出總體性，卻沒有演變出總體變化的設計力，那麼該區塊之易，將附於整個自擇天翦的隨機變化之中。

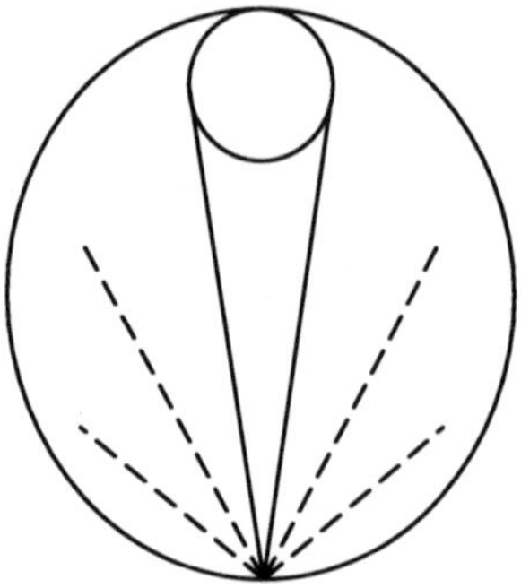

陽識：◎在轍諭卦之降作下，若將一體系「完全解析」，事實上會產生無窮多個層次，供其架構設計性，但是在極有限的智能辨識中，只能如同辨識光譜儀一般，分別幾個區塊去解析而已。在這有限種類的每一區塊，都可以設計相對應的計畫類型，最後出現總體性。

-:- -:- -:- — -:- — — — -:- **維沉卦**

維沉。其所旨，貞德之要，識義而元亨。

彖曰：維沉，高維繼制，降遠以沉，雖不顯儀，其制不棄，明以大亨。

象曰：上明夷下鼎，維沉。智者以中行維旨。

上六，降冪隱變。

象曰：高維之降，其冪隱變。
六八，維沉育弦。
象曰：易降所綱，形可御也。
六七，中行義，元亨。
象曰：中行義，維沉旨形，元亨。
九六，中衍繹，利攸往。
象曰：中衍繹，維沉晉作而爲倚，利攸往。
六五，啓引維沉，吉。
象曰：智之用綱也，必得大制，吉。
九四，曲旨，無咎。
象曰：曲旨，維沉廣演，不失中行，無咎。
九三，沉維鼎型，吉。
象曰：沉維鼎型，有所固，不失象也，吉。
九二，明夷所轉，愼所失。
象曰：見害駭，啓偏失，維沉之遠，自降矣，故愼所失也。
初六，頑失維，吝，貞凶。
象曰：仰不見綱，俯不視維，愚頑所甚，貞凶。

陰辨：◎維沉，高維降冪，之隱沒準則。在連冪之中，相對於降冪的後態觀察者，其高冪之維，是漸沉而沒現者。然而在隱沒之線際，卻可以因之展現出，後態的演變要旨，曰：「維沉育弦」。

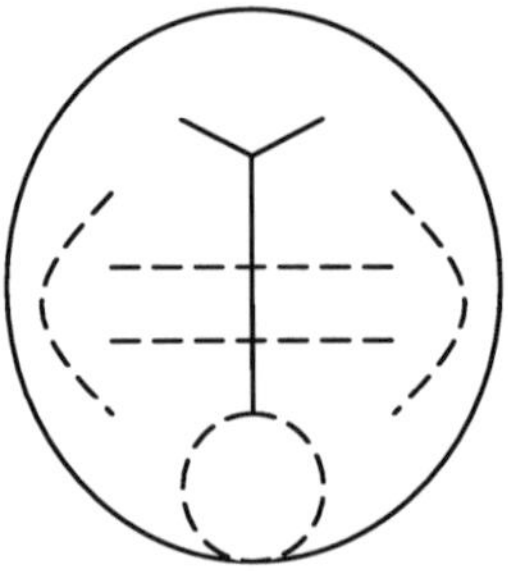

陽識：◎高維之冪，在隱沒之線際，展現其存在對於低冪後態的要旨，是故一後態情境的長久延續，必定以維沉之軸爲鑰。從體沒、面沒，乃至存線爲旨而終沒，降冪維沉之義，爲總覽次易之約矣。◎時空是情境的潛伏與彰顯，無論是時間型態的延續，還是空間型態的展開，其存在既然由降冪而成，其關鍵的演變要旨，必以維沉所衍生之態而行。

⚋⚋⚋⚊⚋⚊⚊⚊ **覷托卦**

覷托。窮極連體，我慣不恤，失能，終吝。

彖曰：覷托，無窮大降，雖顯極限，必有連體，覷托假代而引複合，隱其真健而自憲限矣。

象曰：上明夷下大有，覷托。智者以內求顯制。

上六，同降，利攸往。

象曰：本非有限也，必有同降，利攸往。

六八，覷托我限。

象曰：外以則而內取擇，故有我限。

六七，極段相覷，貞固。

象曰：內亦無窮，極段相覷矣，貞固。

九六，代體覷托，取顯制，吉。

象曰：代體覷托，以隱無窮，有取顯制，吉。

六五，覷托短代，始艱，終克。

象曰：其後引大健，終可克也。

九四，覷托隱失，終凶。

象曰：外變，而覷托內易，隱息之失，終凶。

九三，明夷代托，厄。

象曰：明夷代托，陰積抑內，雖有健，未可往也，厄。

九二，內窮及，利涉大川。

象曰：內有無窮，趨而近及，雖不真至，健行也，利涉大川。

初九，大有內義，元亨。

象曰：續衡等價，大有內義也，元亨。

陰辨：◎覷托，極限之間，連貫體的相覷托代。所有定義出來的體制，都是不同的片斷慣性所複合，對體制運行而言，片段之間，並沒有定義出真實的連貫體，而是極限相覷，慣性互托而成。假若兩慣性的極限之間，產生中間慣性銜接，體制必然形成更精勵的動健之力。◎無論任何生命體制，原本都有等價相映的內外無窮，然外界坤降行於法則，內界升岔引取自擇，是故本身能力的極限，是生存慣性所自取的。

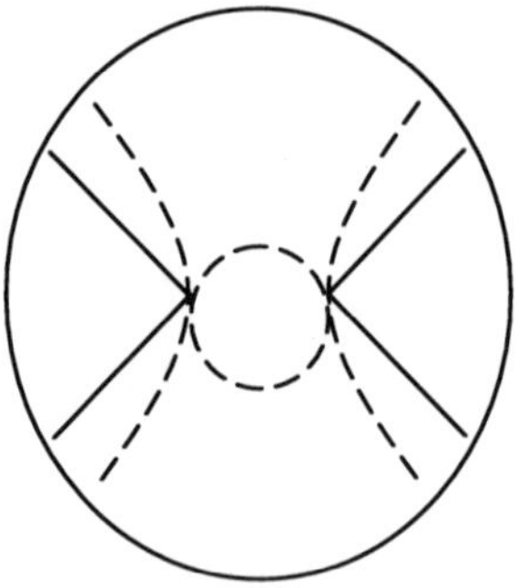

陽識：◎不同層次的分析之間，或不同維度的方程之間，必然還有連貫於其中的定義體，只是在本身意識慣性之下，並不將之顯制而用，以覷托相義而代。是故體制的潛力，內部本身的變化，本來就足以應對外界的任何改變，即內無窮與外無窮的等價相均。只是體制極限定義之間，覷托而隱失。◎設成立一個定義出來的連續體，覷托而必然可以無窮內插，一個本質象，故降冪為變易之「順」。易經坤順，演為次易之坤降於此。

-:- -:- -:- — — -:- -:- -:- — 通撰卦

通撰。升所通，益所能，利涉大川。

彖曰：通撰，通觀得制，合眾辨以一識，其利攸往，不懈，其大德也。

象曰：倚順作入而伏動，通撰。嚴者以廣學辨識。

上六，一通撰，大利攸往。

象曰：一通撰，混同先引，大利攸往。

六八，通撰之升，元亨。

象曰：通撰之升，所用有達，元亨。

六七，廣建，利攸往。

象曰：廣建，高籌而能制，利攸往。

九六，合益之攸。

象曰：合益而必用，是所攸也。
九五，通撰後益，利貞。
象曰：其制已行，雖後益，亦未全亨，利貞。
六四，隱制，慎厄。
象曰：通撰用益，隱制而敵，慎所厄也。
六三，通續之關，貞固。
象曰：通續之關，觀易之悠遠也，貞固。
六二，恤費，往吝。
象曰：恤費，其動有阻，必失，往吝。
初九，通撰之鑑，元吉。
象曰：通撰之鑑，虛爭現噬，以適所擇，元吉。

陰辨：◎通撰，辨識的連續體制置。一個客觀事實的變化，用不同感觀就得到不同的辨析方法，是故不同性質的辨識方式，必定可以返元建置，用一個統一方式去連貫截然不同的辨識方法。

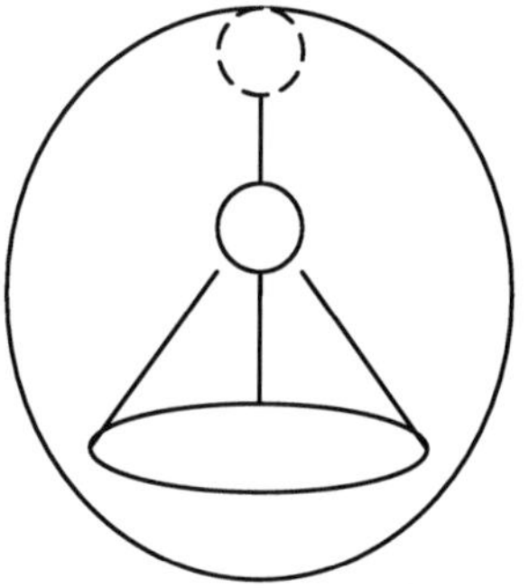

陽識：◎後行通撰的統一理論，把零碎的辨識系統整一，其意義必定深廣於，各項初觀理論的總和，其因所具行的實態，功效也必大於各項之總和。然倚損體卦，統一系統的原力，卻小於各自零碎的簡單總和。是故建置統一理論，必然先拆解各自零碎的理論，於更深層的辨視。而重新覷托內插，以擬塑成形。◎通撰之置，爲混同之後行，即使完全相異不搭者，也必有增置而通撰之途徑，雖似費而不得近效，實則以明虛逝之爭噬，而遠達亨通。通撰不懈，其德大哉。

濈琰卦

濈琰。易泛而自度，終以規。

彖曰：濈琰，濈以易泛，往則無孚，其自演再效，據陰顯陽，互極而琰色所度。

象曰：上升下中孚，濈琰。學者以觀積濈之變。
上六，易體琰泛，貞固。
象曰：行高體以琰泛，其規貞固。
六八，中孚化泛。
象曰：中孚而規於內也，不利攸往。
六七，積有曲。
象曰：積有曲，時宇通則也。
九六，情境據顯。
象曰：濈琰建作，據顯雖歧，而互極同義也。
九五，積濈琰則，元亨利貞。
象曰：則顯而元亨，其行利貞。
六四，濈疲，不利貞，終厄。
象曰：濈疲，雖制而難行矣，終厄。
六三，變則漸濈，學有不及。
象曰：變則漸濈，易琰之度，學有不及，終受疑也。
九二，琰升，利涉大川。
象曰：琰升，制則求鑑而不怠，利涉大川。

初九，未當所和，往吝。

象曰：援引未失而不當，澱琰易之矣，往吝。

陰辨：◎澱琰，積澱的漸泛意義。純粹只是數量觀念，對變易降冪，只有淺泛而沒有縱深意義，然而若處在域固孤立的環境中，數量之間建置的結構運行，不斷地累積下，就會逐漸泛起變易分度，即法則的轉變。數量的漸制，是變易體琰泛之澤。故曰：「澱琰泛度」。

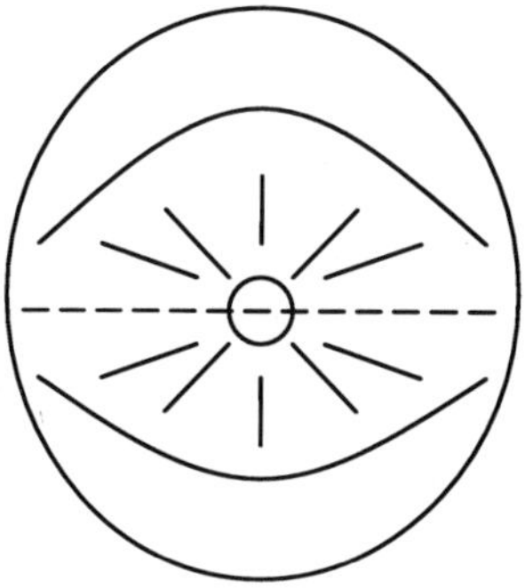

陽識：◎變易體自體本易，在澱琰累積下，演變的法則本身也會因而改變，原有的慣性自擇之聯次，也會因而扭曲。◎物種之間，有最根本的相同結構，那麼演化等於是不斷累積運行同一件事情，就會必扭曲其態勢，那麼演化的法則在不同的時期，也有層次累

積，也就是演化法則的本身，也會逐漸演變。而需要更深層的變化意義，去看待這件事情。◎空間中累積物質，時間中重複型態，都具有相同的溷琰意義。空間溷琰重力法則，引時間來顯現，時間溷琰演化法則，用空間來展開。故陰陽互極，積潛而用顯，積顯而入潛。情境體的潛伏與彰顯，在變易體琰泛之澤中，互爲表裏。

-:- -:- -:- — — -:- — -:- 徙壐卦

徙壐。性所固，攸往當慎，以求貞義。

彖曰：徙壐，自降之棄，有闇之憂，徙不自麗而有敗沒，自棄而不自知也，不利攸往。

象曰：上升下漸，徙壐。學者求道統以伸制。

上六，虛維之柱。

象曰：虛維之柱，是有其迷，亦可饋也。

六八，漸凝之軸，貞吉。

象曰：雖未制，引而漸凝，軸可治也，貞吉。

六七，累行之效，元亨利貞。

象曰：累行之效，引癮維沉，元亨利貞，利涉大川。

九六，徙壐上幾，無咎。

象曰：上幾得行，雖不正圖，無咎。

九五，漸棄維得，後吝。
象曰：圖迷近得，漸而不知自棄矣，受咎之吝，終凶。
六四，徙壐自降，不利悠遠。
象曰：徙壐自降，自擇失格，不利悠遠。
九三，承行，利貞。
象曰：以象位而格，利貞。
六二，升象返示，亨。
象曰：升象返示，以所檢也，亨。
初六，合饋以復，大利攸往。
象曰：合饋以復，近即之功也，大利攸往。

陰辨：◎徙壐，降幕動態中，自降之棄。在智能有限的見識中，可以意識到某些格局的大小之量，而判斷優劣。然而在智能見識之外，尚有無法相估量者，此部份成爲見識遠近的指標。◎情境存之於降幕之動態中，徙壐所自降之域，往往自棄變易之資，而不能自知，即自我縮小格局，卻以爲適應。從物種個體到物種整體，都存在自降之棄。故曰：「徙壐下格」。

陽識：◎傳國秦璽，傳爲春秋楚國和氏璞玉所造，後爲趙國之寶，始皇帝統一天下而始製天子璽，劉邦入關，秦璽入於漢，從此事件便不斷相承而嗣，其所引發之事跡，至於清朝而不絕，共兩千多年不斷。據各種考證推論，兩漢王莽都還可能爲真的秦璽，最遲到三國時期，就可以料秦璽已失，爲孫堅或袁術所僞造，魏晉兩朝所用之璽，非秦篆矣，然秦璽之傳仍盛而不衰。晉亂，五胡之慕容燕刻、苻秦刻、姚秦刻、入於南朝歸之隋唐，五代時後唐焚之，石晉再造，遼所擄、金所奪、元順帝攜以北遁，明孝宗鑑僞不納，乃至清太宗關外得璽而改元事件，無論胡漢，都有僞造秦璽，即便不僞造，亦必有交代秦璽流向於天下。雖歷代胡漢帝王所圖，起心動念，皆起於權力考量，欲求皇權正名，以操弄認同，然卻意外歷代銜接，成各民族向心，規統中華文明之動態，此其隱性之功效，上幾之反饋。秦璽事件，已成爲中國歷史，重要的精神連結脈絡之一，上銜先秦下至滿清，貫穿文明，時間型態的中軸線。然而清亡入民國之後，鹿鍾麟追逼溥儀玉璽而不得，此中軸線已然斷絕！◎帝制棄則棄矣，亦不論秦璽所尙真假，秦璽事件與真人的互動，所形成的，跨越時間屏障，之精神連結能力，被愚劣不肖之炎黃子孫，所斷百年，還以爲自得，其文明格局之自降自棄，甚矣！故雖卦名徙璽，實逝自棄易體之資也。

-:- -:- -:- — — -:- — — -:- **是逝卦**

是逝。元亨，利大行之義。

彖曰：是逝，易一逝亨，而知有困吝，引爲機而續行，生義倚作，往可得也。

象曰：上升下巽，是逝。智者以新習不怠。

上六，降冪一逝。

象曰：降冪一逝，慧求之極也。

六八，知構陰隨，兼阻，往吝。

象曰：知構陰隨，一氣而不亨，反以兼阻，往吝。

六七，知逝困吝，不利貞。

象曰：遠易矣，不利貞。

九六，知仰升，無咎。

象曰：以失困爲機，自習而升，無咎矣。

九五，是逑合亨，吉。

象曰：近易求義也，吉。

六四，入巽之失，終迷。

象曰：入巽之失，吝不一氣，終迷。

九三，天陷，終失，以克復。

象曰：是逑之具，未可立即，知天陷，以而克復。

九二，型巽，負惘。

象曰：型巽，得引失，負惘不至矣。

初六，連冪有升，利艱貞。

象曰：連冪有升，其非一固，以勤計也，利艱貞。

陰辨：◎是逑，連冪一逑體。倚惘跡卦，思維在忖階之位，處於情境與變易兩者之間的矛盾中。認知變易與認知情境，具兩種相反的架構；然而變易與情境卻連冪而一氣，常習思維必定困惑於兩者同氣之間。

陽識：◎既然運行一氣，而認知矛盾，思維之跡必當因此爲機，是以進述而求易義。

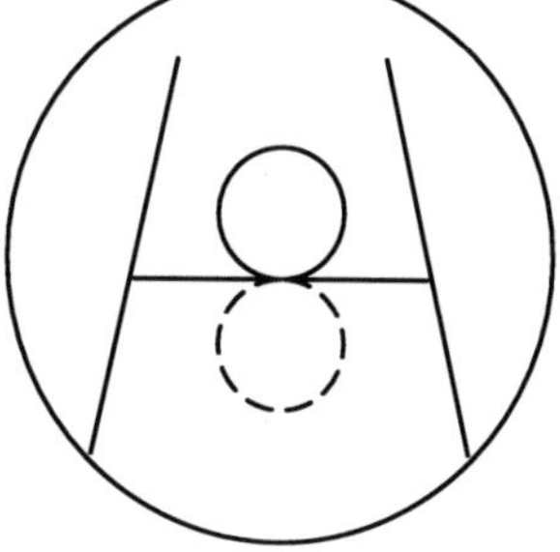

⚋⚋⚋⚊⚊⚋⚊⚋ **哲流卦**

哲流。昭所異，亨。

彖曰：哲流，己晛之晛，哲以正明，流律而再塑則，艱貞可克。

象曰：上泰下訟，哲流。智者以鑑異則。

上六，亨之鑑，吉。

象曰：亨之鑑，自返真通也，吉。

六八，哲己晛識，大利攸往。

象曰：自真識也，以學而大利攸往。

六七，訟所論，有吝。
象曰：訟所論，識未臻化，其吝矣。
九六，晢流深構，高異。
象曰：晢流深構，高異而越是矣。
九五，流變構，利貞。
象曰：流變構，非凡固也，利貞。
九四，泰塑，亨。
象曰：其泰塑，晢流複與，不吝，另律之亨。
六三，環流制玨，貞吉。
象曰：高慧矣，取其極倚，貞吉。
九二，晢立並流，元亨。
象曰：其高冪近易也，元亨。
初六，訟據初基，毋恤。
象曰：其據晢流，深易初基，其設，毋恤。

陰辨：◎晢流，定義域深顯，制數轉變規則。若定義域深化，以之運行的概念，則可以轉換，或另制一種理解方式，來通顯。

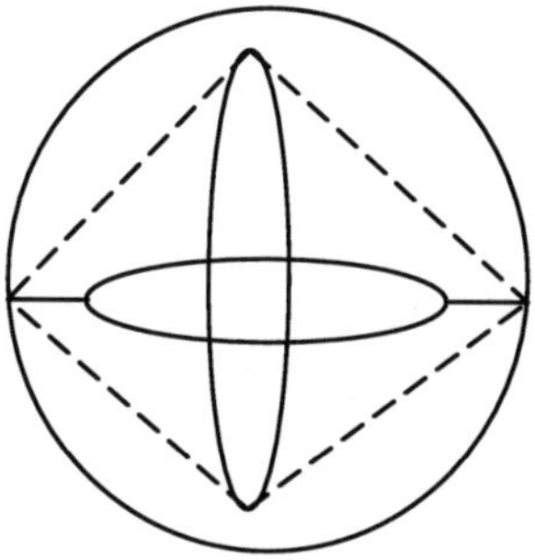

陽識：◎認識一知識體系結構，實際上也僅掌握了表層。自己是如何解晰體系結構的？這才是真正的結構所在。進入到這一層次，對於架構認識的本身，晢流之狀是最初步狀態。

-·--·--·-———-·-—— **繚怙卦**

繚怙。以繚入鑑，無可固矣，不利貞。

彖曰：繚怙，雜演求律以我識，何就？雜繚系成，入鑑候變，不利悠遠。

象曰：上泰下履，繚怙。學者以通識律論。

上六，繚怙雜演。

象曰：繚怙雜演，學知所源，不吝。

六八，相律繚怗，不利貞。
象曰：相律繚怗，難教矣，不利貞。
六七，高繚觸健，厲。
象曰：高繚觸健，中未光矣，未必以得。
九六，履不通應，往吝。
象曰：繚怗成識，履而不通應，往吝。
九五，順怗自擬。
象曰：順怗自擬，臻作於學，終可用也。
九四，紛識鑑組，吉。
象曰：順繚怗，大健之作也，吉，大利悠遠。
六三，逆候變，終不致。
象曰：識深，逆候變，學無可怗，終不致。
九二，始毋歧設，不利攸往。
象曰：毋歧設而乾綱始作，繚怗不適，不利攸往。
初九，亨育，紛泰，艱。
象曰：繚怗高體，亨育之固，紛泰可行，其艱矣。

陰辨：◎繚怙，低冪導高冪之度。所有人所產生的學問類別，都倚思維而成。則相對於知識系統來說，它的創造體並不純淨。或是說，創造體本身的運行，更高冪於系統。所以當知識系統，影響其他等價的個體思維之時，就如同情境體去反冪變易體，可能導引其運行的角度，但不可能真正影響其本身。

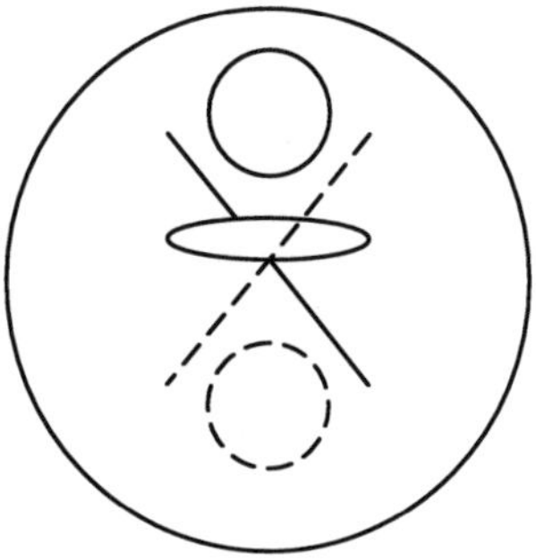

陽識：◎文教之行，任何現實的態勢，都可以是基礎，而沒有真正的系統過程。倘若制定固定的文教系統，最終必然如所有的情境型態一樣，僵硬而老化，脫節於運行之外，失去對高冪思維之度的結合。◎倚潛蹇卦，倘若溺於一種固定的系統型態，即使再有系統之作，也只會被意識視爲普通情境而候變之，那麼與在其未來的走勢，也必定會脫離知識系統本身的原義。◎文字或數字，去架構變易，也是低冪導高冪之度，必然存誤。是故，以誤而相映自辨的正確，是思維忖階之位，與變易體的最密合之觀。

絡値卦

絡値。坤降乾絡，廣値倫行，義生，略固。

彖曰：絡値，降而伸衍，略段之固，取進無窮而倫義生，有所疏，亦形義矣。

象曰：上泰下姤，絡値。智者廣値俱思。

上六，坤行絡値。

象曰：坤行降，乾綱絡矣，値爲義先也。

六八，略段値義，貞固。

象曰：所識略段，値成義也，貞固。

六七，交泰絡値，元亨。

象曰：降近於乾，綱絡交泰而義生，元亨。

九六，升識姤値。

象曰：升識義易，姤値析元。

九五，廣値合易，正慎，吉。

象曰：廣値，用爻之極也，合易剛中，正慎之，吉。

九四，末綱，無失値，凶。

象曰：流末用綱，雖無失値，義異也，凶。

九三，勉値，識不恤。

象曰：勉值，求義先，識不恤矣，不利攸往。

九二，降入區值。

象曰：降入，區值而義形，所能之別矣。

初六，虛中展時。

象曰：義之先原，虛中性，展於潛伏而入時也。

陰辨：◎絡值，坤解降冪當中，乾綱顯絡，必產生意義變化的先原，代稱爲值。降冪的意義環無窮而中無，然而認識它的意義，卻可產生略段。乾坤因而相形同作，有倫理上下之制。是故無一大體，變易仍存大行據要，時義隨其相形倫至。

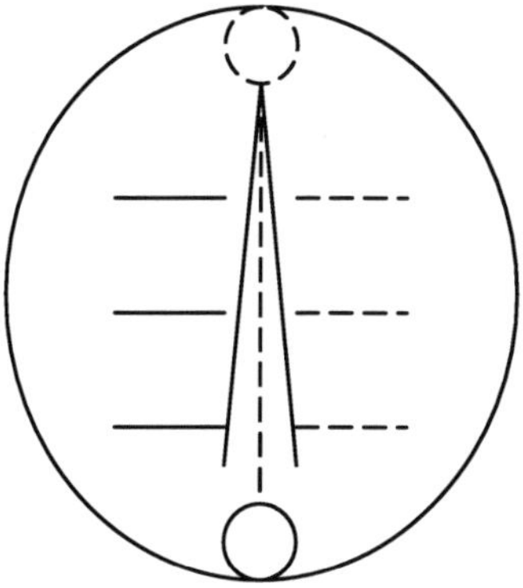

陽識：◎無極的至理，沒有存在與不存在的意義。降至物質層次，已經產生，存與不存，但卻沒有活與死的意義。再降至生物層次，已經有活與死的意義，卻沒有是與非的意義。降至當前文明層次，是與非的意義仍然不健全，自然不知道，還有什麼具體再絡値之義。若有，必然是非對錯的意義，切合該物種的生存時義，使之能長久存在。◎而在這種降生具有，形成倫理規制，逐漸窄化的過程，仍然具備無窮取象之易。

-:- -:- — -:- -:- -:- -:- -:- — **公欲卦**

公欲。基欲轉譯，義取兼，無逆顧。

彖曰：公欲，執我之欲，降順健損，以升義，公通欲，行有攸往，利貞。

象曰：上豫下復，公欲。仁者以正行大公而濟欲。

上六，始我識。

象曰：始我識，倚所成形。

六八，欲朞，用公，吉。

象曰：欲朞而可健，公亦貞行，吉。

九七，自擇復欲，無咎。

象曰：以重塑，反本矣，無咎。

六六，全欲之吝。

象曰：欲可全通，未可真順，迷不易，吝。
六五，逸善和，不利攸往。
象曰：雖得逸而用善，遠本亦僞，不利攸往。
六四，放於慣制，近可利，遠有害。
象曰：放於慣制，雖不犯，而僞心成矣，近利而遠有害也。
六三，豫善，終厄。
象曰：眾豫善，雖安，健阻而氳，有異，終厄。
六二，轉行欲，征吉。
象曰：轉行欲，用正智也，征吉。
初九，貪復失慎，終伏凶。
象曰：公欲而復本，貪復枉機，終伏凶矣。

陰辨：◎公欲，欲望意識的昇華。意識因演化過程，必有自擇慣性聯次，所積累的原始因型以成乾綱。倘若套源逐層，使存安穩之境，而將欲望稀釋，則失去內健演變的動健之力。◎對後生衍之型而言，原始形成「我識」之欲，可以在新的自擇態勢下，聯通某些原始因素，而與另外一些原始因素矛盾，啓動更高的原始因素而勝。人的德行與劣行之導，在此結構分歧而已。

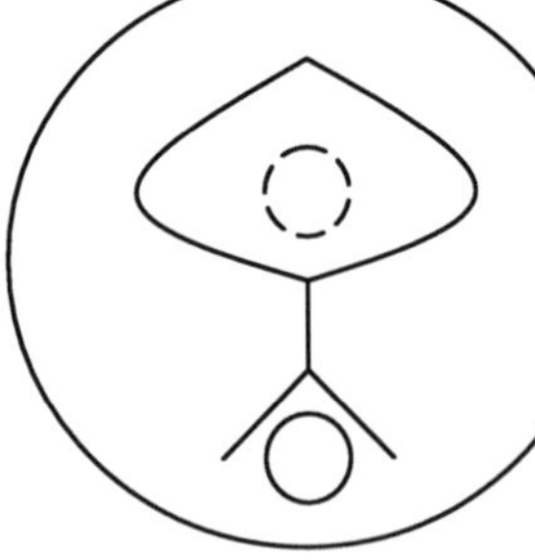

陽識：◎呂氏春秋：「桓公行公，去私惡，用管子，而爲五伯長。行私，阿所愛，用豎刁，而蟲出於戶。」◎動物中意識的產生，是用於滿足生存目標，的一種自擇態勢，原義並不是用來追求真理的，而追求真理的意識，是次行狀態的自擇重塑。所以多數個體，皆急短利近欲，因原有塑造的慣性而行。行利他的啓易，即至公之正，是自擇重塑，而在長遠狀況下，接濟私欲，這在過去人的祖先還不是人類的時代，已經有很多物種之個體，產生這種行爲，從現有不少利他生物即可得知。但如此，已是算人類當中少數聰慧者能辨到。所以人的意識，不見得比其他動物高等多少。

-:- -:- — -:- -:- -:- -:- — -:- **覬步卦**

覬步。自源歧異，有關其擇，貞固。

彖曰：覬步，非所份而往擇，異是累起，漸行之悠，入慧而利涉大川。

象曰：上豫下師，覬步。學者以歸命，深冪再塑。

上六，覬步歧變，往吝。

象曰：覬步歧變，又形生衍，往吝。

六八，天翦所基。

象曰：自擇毋老，覬步仍趨，亦必生滅，天翦所基也。

九七，天歧，無咎。

象曰：覬步以顯，已有自擇，必天歧矣。

六六，隱微，貞固。

象曰：隱微而擇所歧，覬步引源，貞固。

六五，覬步啓慧，位吝，利艱貞。

象曰：覬步啓慧，雖正義，終必阻，利艱貞。

六四，覬步豫落，厄。

象曰：豫不與慧，失正健，雖近利，終厄。

六三，師勉克，貴貞義。

象曰：師勉克，貞其義，利悠遠。

九二，起覬步，厄。

象曰：起覬步，乖特矣，必厄。

初六，隱歧之固，慎厲。

象曰：覬步未顯，隱歧之固，未必以善，慎厲。

陰辨：◎覬步，自源縱深起步，而有分歧與重塑。由自擇啓發的縱深通慧意識，雖然比外加的意識，堅定地多，然而它必由對平凡事物，判斷分歧開始。◎倚公欲卦，在其演變之初，不僅於總體天翦形勢，所給予的壓抑。尙有本身運行中，與自身生存意識分歧之厄。

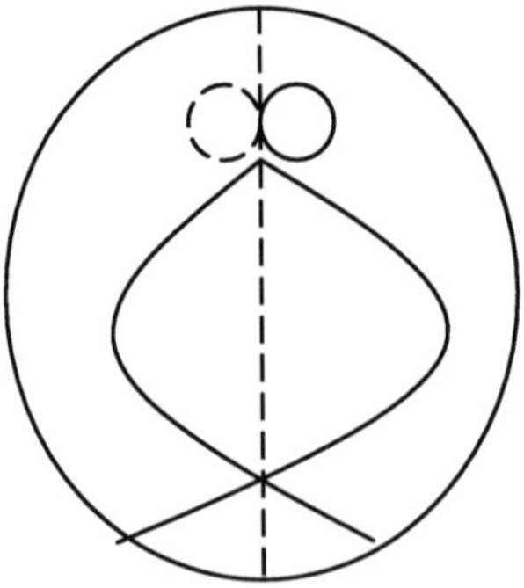

陽識：◎從最平常事件的些微差異，累積特異的感觸，而在自擇行爲中逐漸以此差異爲根源，些微地重塑自身的特性。而此種自源的差異，是中性的，可以與外界環境的誘導，

形成新的聯次。是故，假設今天突然建置一個全新物種，而有自擇態勢，縱使沒有外界其他物種的主動誘導，也必定逐漸產生，該物種之間相互定義的分歧。

預源卦

預源。鑿空域探，前導無響，自行預之。

彖曰：預源，其導無定，預象百源，其服易律所制，以擇復受制，自導矣，吝固。

象曰：上豫下臨，預源。智者以立大志。

上六，整變，不微易律。

象曰：預源之倚，整易也，無所份界。

六八，行擇，往取。

象曰：預源無設，行擇而求往取，其吝道也。

九七，象繼之辨，終無尤。

象曰：以得律，求所亨，終無尤。

六六，啓預源，順陷。

象曰：雖可以及，必順律，陷矣。

六五，預導，未顯固。

象曰：預導，忘己之擇，未顯所固，爲咎矣。

六四，聚愈惘，終厄。
象曰：預源求亨，象亦所聚，愈惘，終厄。
六三，歧預源，以重固。
象曰：歧預源，預之不及所擇，以重固，成復塑。
九二，無嚮臻取，大利悠遠。
象曰：無嚮臻取，預源極義，近乎易，大利悠遠，以行志也。
初九，臨後重。
象曰：臨後重，象辨無已，預源制變矣。

陰辨：◎預源，情境動健所行，其前導變化的全向性質。情境事態中，其動健變化，必定有型態的前導變化。此不但，以引導演變的方向，更多的是，符合目標規律。◎然而這種前導的改變，無預先條件，也無預先方向。若情境體本身不強使一定目標，則情境體可以連通任何狀態的預源之易，達到其他方向的變化，甚至產生超過常理的能力。然而生物狀態在情境體中，都會因自擇設定了目標，因而反受預源所導，反受預源所限，少有覬步之重塑。故曰：「預源自導」。

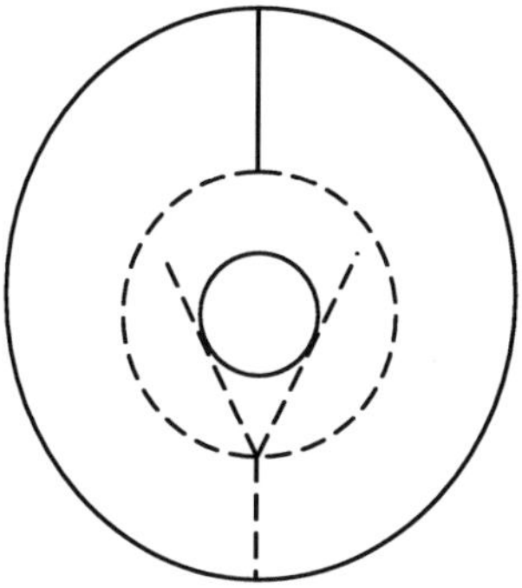

陽識：◎昆蟲飛行之前，都需要預熱，看似簡單合理的過程，實際上內涵一法則，即選擇一變化狀態，需先自我產生變易之律。然而這種先導變化，並不是直觀所覺，有一定的預設方向與規律，而是具有全方位，改變目標狀態的能力，只是生物自擇體在當中，預設了一定標的，只是以這種變易爲源，復而引導，並啓動自擇體與目標變化之整體變易。◎任何文明的興起前，必有一連串知識層，的預源運行，而後導引整個文明的方向，就並不只是知識層次的型態問題，多是原始本性，在後面選擇操弄。即自擇體本身預設了目標，以擇而復受原始制導。預源之易，通於一切的選擇形變，其義大哉。

⚋⚋⚊⚋⚋⚋⚊⚋⚋ **定往卦**

定往。不利貞，饋情近益，無擇義。

彖曰：定往，不晉易，何可擇，所觀已行而不先識，其時往矣。何可得？往吝。

象曰：上豫下謙，定往。嚴者以度時現。

上六，並史觀，義不吝。

象曰：並史觀，有正倚，定往高識，雖不入凡庸，後必取，義不吝也。

六八，識定往，可擇。

象曰：識定往，我已入史，知鑑可擇。

九七，階易，貞吉。

象曰：不僅於情，御階以易之，貞吉。

六六，謙辨之納，大得志。

象曰：居高位，謙辨明易，以納他論，大得志也。

六五，謙義取往，無咎。

象曰：謙義取往，臨擇以思，雖不真得，無咎。

六四，已終不恕，重失，必厄。

象曰：定往浮顯，已終而仍不恕，是又重失，極愚矣，必厄。

九三，不具定往，凶。

象曰：不具定往，涉大川而頑昧，凶。

六二，亨豫，不利悠遠。

象曰：亨豫，定往之作，迷其現態，不利悠遠。

初六，間饋易，制定往，利艱貞。

象曰：以制之，所御大矣，利艱貞。

陰辨：◎定往，情境無現在的視度。情境沒有「現在」的定義，所識情境都已經被過去包羅。若自擇不重塑聯次狀態，那麼就不會有任何「當下」、「現在」的任何意義，都已經是過去，而有豫制必然的延展，即慣性的顯現，變易中不易的分流。故曰：「定往豫慣」。

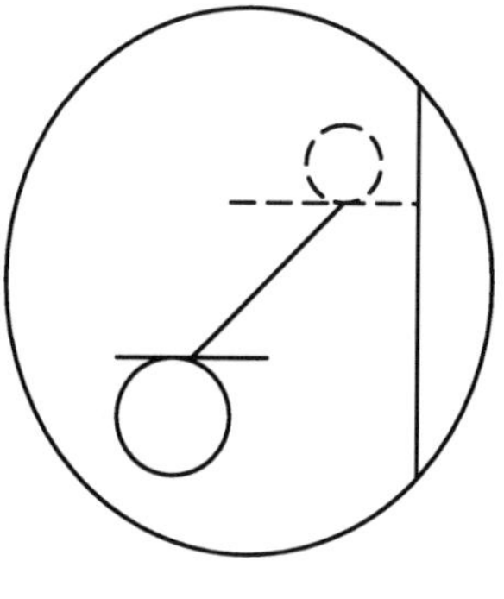

陽識：◎倚忖階卦，若是一切思維態勢，沒有重儀映於定往之變，自擇不再重塑，而儀映溺於慣性之制，則不需要「現在」的定義，現在就可以是過去。所有感受「現在」的思維，都等同過去，現在的人，就已經是在史冊裡面。

魘翼卦

魘翼。行不利貞，爲以具貞。

象曰：魘翼，降有制，制反不制，魘自行也，其翼有跡，雖在域而不規，以至大亨，無攸害矣。

象曰：上豫下明夷，魘翼。智者以自塑明識。

上六，降以高制，元亨。

象曰：高制，其攸往，元亨。

六八，內無貞，魘翼以形，不以然。

象曰：內無貞，固無全制也。

九七，豫思，終吝。

象曰：豫思而有非制，終必吝矣。

六六，鎭魘翼，亨。

象曰：以制之域，必有可行，亨。

六五，震魘翼，無咎。

象曰：其義不及，亦未於失，無咎。

六四，明夷有即，未上害。

象曰：魘翼有即，明夷其害，跡不至上也。

九三，魘翼攝型，吉。

象曰：易降而取法，識降則取象，至臻矣，吉。

六二，末魘翼，不利所行。

象曰：其作害於域矣，不利所行。

初九，自爲魘翼，利貞。

象曰：自爲魘翼，鑑我存，明具致證，利貞。

陰辨：◎魘翼，可制之域的不可制之狀。人類自己猜製情境，嚇唬自己的次數，遠多於被外物所驚嚇的次數。那些猜製的情境，即使明知虛妄，仍然可以在一定的軌跡內，自行運轉而讓意識不斷地恐慌。歸類在大腦的生化狀態異常？而我們定義的正常人，卻也常常喜歡這麼做，那到底異常還是正常？

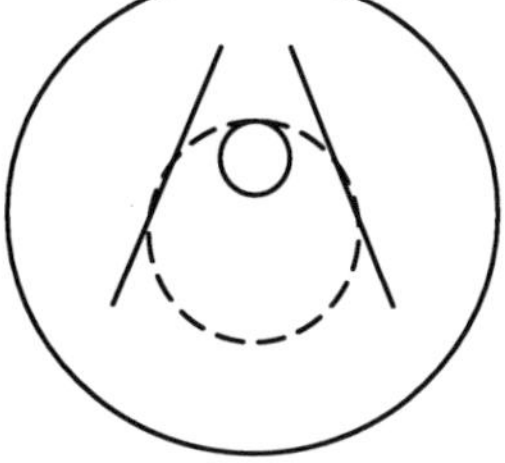

陽識：◎意識自主創造出來的意象，或是從外攝取者，在意識當中，有不可制約的自主運行。◎倚重儀卦，變易若有制，兩儀必映其無制之態，變易體魘翼法則，存有制之域的無制之狀，則降冪之情境，亦有可制之域的不可制之狀。◎若變易體降冪以形情境，那什麼現實的情境，可以是魘翼之態？或許就是實實在在，存在的我們。

逅甦卦

逅甦。逅自擇，必攸象，時顯可鑑。

彖曰：逅甦，逅觸以形虛逝之甦，時無嚮往，其慣引所嚮，不利攸往。

象曰：上豫下升，逅甦。智者謀大勢之趨。

上六，逅甦之觸，無嚮，元亨。

象曰：易不去往致來，無嚮矣。

六八，逅甦觸式。

象曰：不易有顯，可史鑑矣。

九七，升甦，自擇所形。

象曰：虛逝升演，其慣以形所自擇。

六六，隱象幽滯，無咎。

象曰：幽滯，大可恤矣，隱象待逅，不及，無咎。

六五，豫攸往，不利貞。

象曰：豫攸往，時之偏構，易不與，不得所遠。

六四，識率之降，偏則。

象曰：識率之降，有期而致，未形本也。

九三，始貫逅甦。

象曰：始貫逅甦，重演後變，慎續矣。

九二，逅甦聚象，利攸往。

象曰：智以謀事也，利攸往。

初六，忘時，厄。

象曰：忘時，必有失則，厄。

陰辨：◎逅甦，未來的逅觸之式。早期的些微變化，會讓後來的時空產生很大變化，然而原始的各種型態，卻不會受影響。即型態可以無窮組合，而差異很大，但變化軌跡卻仍然一致。是故過去到未來的時間軸中，其情境的整體流程，是原始的性質，在虛逝脈絡之間，逅觸而甦顯者，是故任何被放棄的虛逝態勢，並非全然不會再出現，可以在原始因素激發，而逅觸的形式類似之下，展現相似顯現。所以常態逅甦，重演而可後變。

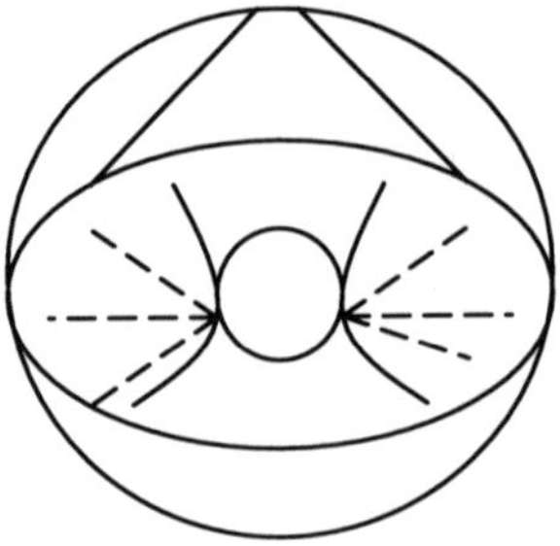

陽識：◎任何的期望是基於存在而成，而人的機率觀念，又是建立在期望值之上的，先有期望之值，機率才能建制出來。它只是忖階降冪中，的意識取象而已。是故把任何的存在，用機率的觀念去敘述，只能是片段的具象，遺漏大體事實。◎變易降冪以無窮，沒有形式的具體方位，單純地用過去，以了解未來，只有逅甦之式，一個方向上的不易結構而已。雖有所得，卻非完整結構。

⚋⚋⚊⚋⚋⚋⚊⚊⚊ **煌統卦**

煌統。有相絡，以可相稽，後有得，利攸往。

彖曰：煌統，情境顯伏相絡，以聯大體，多有徑也，而煌以唯一，利貞。

象曰：上豫下泰，煌統。智者以聯卦統觀。

上六，統始間遺。
象曰：雖高觀，統始而亦有間遺。
六八，煌統絡型，貞固。
象曰：以可大體，貞固。
九七，顯情以絡，利艱貞。
象曰：以絡，而伏情亦返，求亨，利貞。
六六，煌統縱型。
象曰：煌統縱型，深攸也。
六五，稽往有始。
象曰：以所定伏，雖可鑑，假貸所時。
六四，豫類化，往吝。
象曰：豫類化，綱而不時實，往吝。
九三，絡以時象，有惘。
象曰：時象而未可盡，故有惘也。
九二，煌統相綱，元亨。
象曰：中而可象，利行作，元亨。
初九，泰複統合，慎恤。

象曰：時空爲絡，泰複統合，歧辨，慎恤。

陰辨：◎煌統，情境的縱深合統。倚同義卦，時間與空間爲等價的兩取象方式，情境體的潛伏與彰顯，必等價交錯展開，形成整體情境體的縱深形式。故時代的區段，只是聯次運行，形成原始引濟乾綱，的取象區分，沒有根本存在的必然性。即時間區別，是型態演變，強制切開而成的概想；空間區塊，是在變化中，辨別同與不同的狀態，產生的相遇概想。兩者是複合的，都沒有根本的獨立存在性。故情境體的縱深，必然兩者相絡。

故曰：「煌統絡型」。

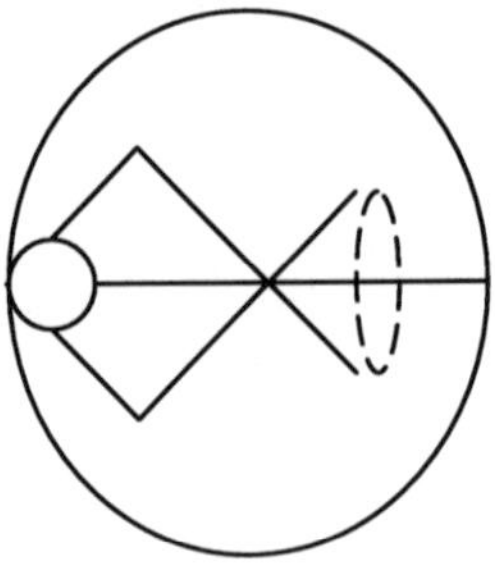

陽識：◎個人不同的行爲層次，與意識層次，來自不同的時段演化而成，而有行爲演化時段的分佈函數。即現代人精神上不一定是現代人，可以雜合遠始人或未來人。積徑卦之『時聽』，熾期卦之展演，皇籌卦之爲濟，於煌統之義大矣。

包先卦

包先。包如生，向有大重，元亨。

彖曰：包先，影取先易，後涉實時，往有復重，求臻，利建大學。

象曰：上震下解，包先。學者以多象重向。

上六，包先多維。

象曰：包先多維，深與也。

六八，降複多維。

象曰：降複多維，其貞向也。

九七，多維返向，利貞。

象曰：其容返，向無定取矣，利貞。

六六，包內演，利攸往。

象曰：雖有顯外，包而如一也，利攸往。

六五，包先儀映，元亨。

象曰：包先儀映，其御反維向，元亨。

九四，包返程域，無咎。

象曰：雖域於向象，可貞其運，無咎。

六三，解以承先。

象曰：解而承故學也，可後行次。

九二，據象，往吝。

象曰：多象而有其難，未可征，往吝。

初六，包以複重，亨。

象曰：包所易，複重所升，亨。

陰辨：◎包先，影易六十四卦之一，陰陽兩儀的高冪多向取象。兩儀體系對映的一切相對性，或是一切比較級，之諸多法則，有整體多向取象觀。即重儀的位列的交錯相映，兩儀相映無定制。而次易法則之所敘述，用攝於實際體系時，變易大體升降本據，卻有定制，故運行往返升降，大體兩儀下，多象系都可以成立。故曰：「包先儀映」。

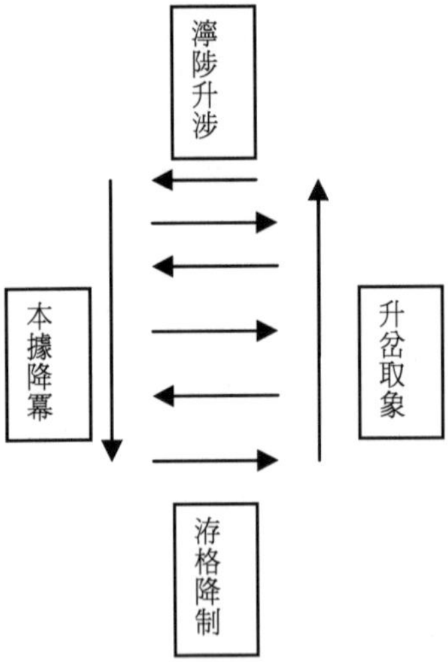

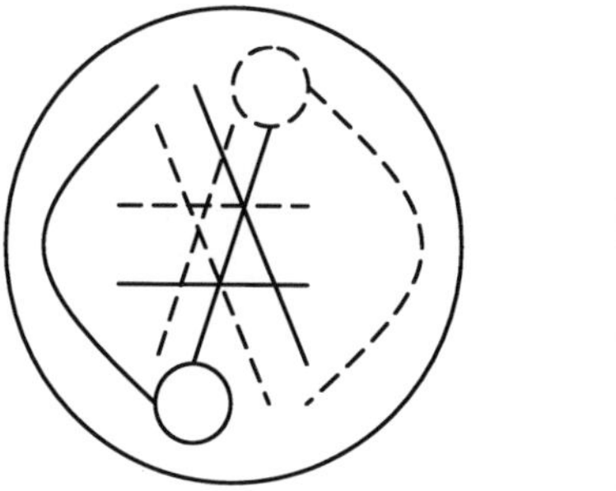

陽識：◎《記林栗辨易》，朱熹認爲：「太極包兩儀，兩儀包四象，四象包八卦，與聖人所謂生者不同；包如人之懷子，子在母中。生如人之生子，子在母外。」林栗持相反意見：「惟其包之，是以能生之。包之與生，實一義爾。」◎朱熹之所取象並沒有錯誤，然林栗之所觀兩儀至八卦，確實較爲深入。◎包如同生，次易影易六十四卦，故六十四卦大義，投影映於五百一十二卦，臍帶而後形取象。其義於次易本構大矣。

䷵ 偏逮卦

偏逮。所逮不契，而取存構，貞固。

彖曰：偏逮，以所不契，而必攸往，陷於不及而取逮，涉育據存也。

象曰：上震下歸妹，偏逮。嚴者以識用鑑之偏。

上六，無一太正。

象曰：無窮既無一，存大倚，其易太正。

六八，存一曲偏，利攸往。

象曰：既存也，後利攸往。

九七，矛盾逮構。

象曰：矛盾逮構，重儀對映，無以生有也。

六六，內菈捕，利貞。

象曰：內菈捕，其成性也，利貞。

六五，偏逮擇應，不合所始。

象曰：擇應，其有偏敝也，不合所始之運。

九四，偏逮映體，無咎。

象曰：其有顯，動於陷中，以感存，無咎。

六三，歸妹永敝，慎恤。

象曰：歸妹永敝，偏逮陷感，慎所恤也。

九二，悅映所存，終失。

象曰：其悅感之存，本無太具，終失。

初九，偏逮執恤，貞凶。

象曰：其不恤正，遠證也，貞凶。

陰辨：◎偏逮，內向菈捕的偏差。任何體系與所處的時空時義，在變易降冪下，都必然成爲一體架構，而內外等價同體，不相互永據。然而「有一」，則在無窮降冪中，產生必然的矛盾。故選擇與應，必然產生偏逮而不能全合。故曰：「偏逮擇應」。

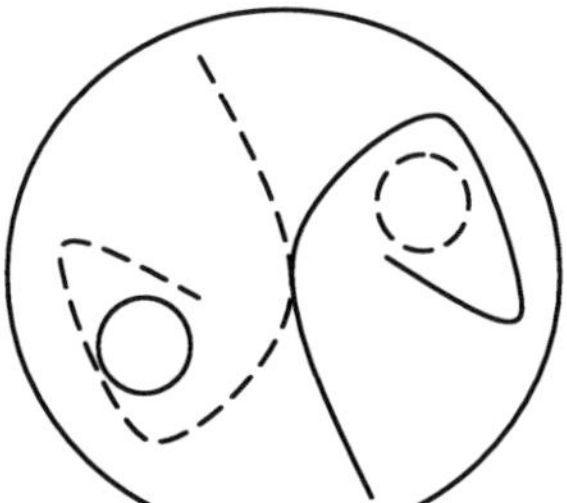

陽識：◎在偏逮擇應之下，意識面對事態，使用的原始演化層次，與所面對事態之層次，必不能等合。即產生認知與實際變化的差別。意識分布的捕捉區域，或是生存機體分布，必然也入濟矛盾體，才能夠架構存在的感應意義，而有其運行。是故矛盾與偏差，是變易體先天就既存於情境中的。

泛眕卦

泛眕。動降靜潛，影泛界徑，艱以深。

彖曰：泛眕，純動大涵，降泛而以靜止知文，其純動必有先據，元亨大體也。

象曰：上震下小過，泛眕。智者以動感爲學。

上六，易大涵。

象曰：易大涵，純動之健，降以泛眕。

六八，降旨泛。

象曰：旨泛之感，未以大體。

九七，昰影其文，無咎。

象曰：純動而降，昰影其文，雖未整，無咎。

六六，泛眕艱趨。

象曰：以一升，其體無窮，故艱趨矣。

六五，泛眕引元，利涉大川。

象曰：泛眕引元，疾略可作，慎恤，利涉大川。

九四，泛眕塑素，元亨利貞。

象曰：其貞智而大亨，以實塑素，元亨利貞，大利悠遠。

九三，啓易泛眕，利攸往。

象曰：卑微而啓易，泛畛掠影，利攸往。

六二，小過影學，終吝。

象曰：雖以數文，其小過影學，無取大得，終吝。

初六，先基反趨，利艱貞。

象曰：泛畛艱深，先基反趨，利艱貞，疾略以演，以取攸往。

陰辨：◎泛畛，影易六十四卦之一，變易體降冪中，純動態的訊息先據。靜態的保存形式，必然不會觸及，保存型態產生前，的相反動健流程。從而失去完整記錄與運籌，更不可能有，接近變易降冪的趨動形式。◎未經取象的純動態物，先據一切的訊息上制。倘若在兩靜態之間，建立動態趨向，則失去了泛畛純動態的本質。落於維妨之大阻。是故泛畛之趨，必然物行於眾多取象，而趨於無窮的靜態之間關連，以絢航遺失而求得，則近於純動的訊息先據。故曰：「泛畛艱趨」。

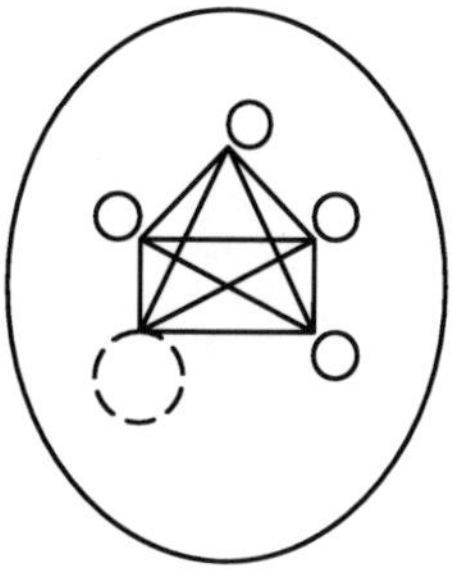

陽識：◎古往今來所有的知識，都是儲存於靜態保留的形式上，而實際上這並不是先據之質。取象情境而成的訊息，是知識本趨的末態，而不是先據。真正的上流的先據形式，保存於純動態與變化的趨向中，而可以引元，產生眾多的族系形式。故次易中影易六十四，先基反趨，而連制六爻。

-:- -:- — -:- -:- — — -:- — **豐旋卦**

豐旋。情境重儀，易置歧遺，終有異得。

彖曰：豐旋，歧遺而豐象，合識擇致，互取恤照，大利攸往。

象曰：上震下豐，豐旋。智者以異程辨端。

上六，旋異重儀，亨，不恤生。

象曰：其動震高制，重儀之亨，不恤生也。

六八，辨端慎動。

象曰：辨端慎動，高制和旋而大勝。

九七，豐旋異程，取歧，利貞。

象曰：取歧而異程攸往，利貞。

六六，豐程等曲。

象曰：其往，無時序之刻，故等曲。

六五，取程後亨，往吝。
象曰：豐旋不直也，欲取往吝。
九四，異得之合，有得。
象曰：異得之合，所處致也，有得。
九三，捨影，取往。
象曰：捨我影據，豐旋取往。
六二，速豐，貞吉。
象曰：旋以速豐，明儀也，貞吉。
初九，儀奪，厄。
象曰：不慎致也，儀奪，厄。

陰辨：◎豐旋，顯現可以產生隱密。運行的取捨，遺漏的本質，在兩儀動態中，取象情境顯伏之交換。故豐旋所易，倒置時程，而得不同取捨。

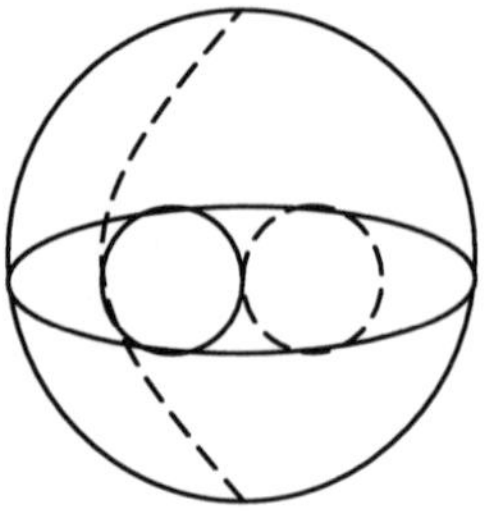

陽識：◎遺漏之制，顯現不同之慣性變化，則必高於情境之存亡，故顯現就產生潛伏。倚冥獄卦，當所銜接的形上，規避另一種型態所不能銜接的等價者，則所遺漏之態，必產生另一種顯現之制。故遺漏之制可以獲取。

-:- -:- — -:- -:- — — — -:- **恢翰卦**

恢翰。固學吝至，不利攸往。

彖曰：恢翰，區而不能盡，其一不固識，窮而變矣，辨學引證再新，可以元亨。

象曰：上震下恆，恢翰。學者以辨體勝制。

上六，道恢翰易。

象曰：道恢所心，易翰不可區矣。

六八，恆不一，無咎。

象曰：恆不一，恢翰作矣，學雖不固，無咎。
九七，情極之遺，不固式。
象曰：其不一，論情至極，必遺而不得，不可固式矣。
六六，恢翰詭曲，迷吝。
象曰：遺不固式，元數詭曲，必迷吝矣。
六五，躍窠而鑑，無咎。
象曰：入恢翰易變，躍窠而鑑，雖迷無咎。
九四，震其基，不利悠遠。
象曰：恢翰越體矣，震其所基，雖亨，不利悠遠。
九三，翰識不用，失於潛。
象曰：翰識，深辨之智也，俗行而不可用，失之潛運矣。
九二，過潛，吉。
象曰：過潛運機，亦有其遇，吉。
初六，恢翰大制，元亨。
象曰：恢翰大制，元數適義，學有過之也，元亨。

陰辨：◎恢翰，降冪任何區間，皆展體無窮。變易的本身，任兩定性區間內，仍然具有無窮性質，而同樣產生，無法全盡辨識的，含糊單位。即自行定義兩『變化率』數據，之間仍然包羅無窮的數據定義。◎倚晦完卦，割易再均，即使意識定義明確，取兩區間，變易體仍然有超過定義界線的出口，延展其先具無窮，取一定義，反呈現定義的詭曲之狀。故曰：「恢翰詭曲」。

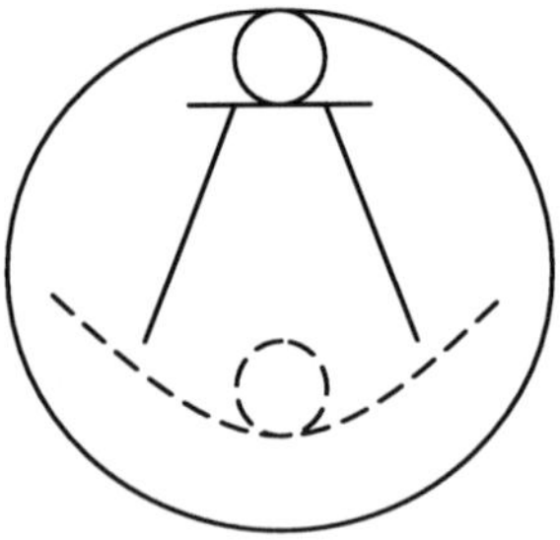

陽識：◎任何統整的理論，所包含的區間，愈是推演精確，其理論愈可以明確發現，其基本定義，已然產生變化。此變易體降冪大制之下，相對性質中的絕對性質。問無窮大的定義爲何？曰：無基本之一，所成之態，即爲無窮。

⚋⚋⚊⚋⚊⚋⚋⚊⚋ **超徑卦**

超徑。雖有可識之律，艱慮矣。

彖曰：超徑，越型之型，有固徑，過所常識，衰引下衍，而相時相形作矣。

象曰：上解下坎，超徑。學者不固形識。

上六，易衍超徑，貞固。

象曰：易衍超徑，因果上制，難以累究，貞固。

六八，過相形，無咎。

象曰：過相形，有以驗，無咎。

九七，解散紛亂。

象曰，解散紛亂，受相形之固矣，其徑不取。

六六，簡徑，遺，亡得。

象曰：鑑不深，取簡徑，遺所應，亡其得也。

九五，有果衰義，失，不利貞。

象曰：雖行有果，時遷而義衰矣，其失也。

六四，徑迷，不利攸往。

象曰：徑迷，其智陷矣，何可得？不利攸往。

六三，後行乘解。

象曰：超徑所乘，其事難解矣。

九二，壯果，厄。

象曰：有其疏，無高識，微因而壯果，及厄矣。

初六，利其壯，往吝。

象曰：或因有得，然以利，無入義，往吝。

陰辨：◎超徑，因果律的本源，上制於等價形成相對性的演變之徑。先發生的一個小事件，可以影響後來的大事件，乃至可以變成絕對性的因果；先發生的大事件，也同時可以影響後來的小事件，也可以變成絕對性的因果。然而很多前後事件之間，在邏輯當中卻可以不相關，故也不是全通的。◎故因果律的根源，必定超越我們認定的，大小事件演變之路徑，執行其律，故曰超徑。

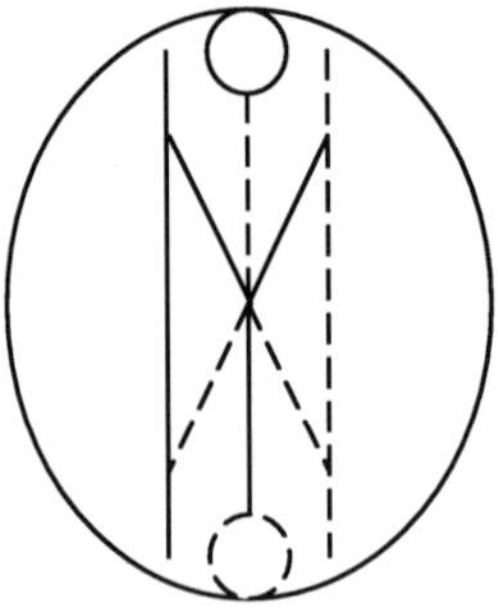

陽識：◎因果之徑，在變易連冪中，並不全通，才會讓取象細微之效應，產生巨大影響，取象巨大的原因，形成細微結果。從而大因小果與小因大果，相互之間的兩儀相映，又

會有更混亂的因果取象。◎故判斷任何事態的前因後果，不必受其勢之大而有所動，或許其結果逐漸分流而衰變，亦不輕其勢之小而不慮，或許其結果梯瀑而大壯，在於所近涉法則之深淺，與時義之契合耳。

科突卦

科突。大俱無形，形而突兀，大利悠遠。

彖曰：科突，深易先俱，科而後，格運宏矣，以涉勤恤，則有攸往，大利攸往。

象曰：上解下既濟，科突。智者以先大俱而後科。

上六，易宏御突。

象曰：易宏御突，貞倚大能。

六八，約科突，貞吉。

象曰：約科突，液降宏俱也，貞吉。

九七，後科潛至。

象曰：有以易，則俱亨而攸往，終可潛至。

六六，科突擬據，無咎。

象曰：有誤，而證可再形，無咎。

九五，科突未恤，往吝。

象曰：其雖宏矣，自擇有抑，未必恤也，往吝。
六四，解速曲科，利艱貞。
象曰：雖有難，以有科突，利艱貞。
九三，成俱科突，有得，元亨。
象曰：雖涉艱，終有得，故元亨。
六二，既濟道窮，終凶。
象曰：以一升溯，雖有亨而可濟，資損矣故道窮，終凶。
初九，逆溺科具，厄。
象曰：雖有象美之亨，逆溺科具，大潛所厄。

陰辨：◎科突，法則存在任何的科具突顯。倚液降卦，變易是可以自由流動於任何的時空，任何的型態之中。明確地說，只是結構啓其不同的法則面象而已。

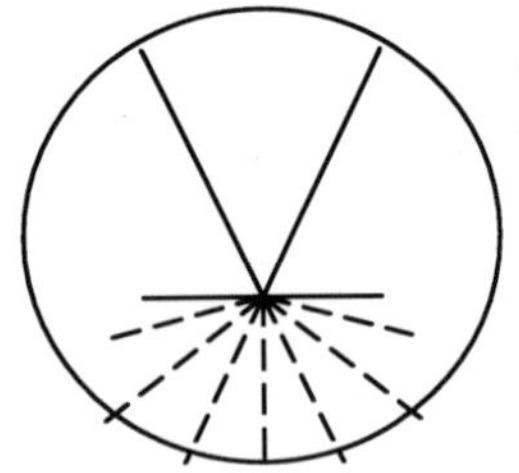

陽識：◎習慣的思維或邏輯，架構的所謂科學，都由「一」基本單位，去作情境條件的制約。如此則必行升冪之維構，升岔之型。投入資源修正，則可以通，但存在思想格局的極限。◎是故在整體概念降冪中，任何具體細微的理論，只是相互等價存在的科具，顯現新的突兀路徑，只是常形而已。

𝌅 候規卦

候規。基擇候變，不可設矣，往吝。

彖曰：候規，其本無尤，而智體候變，必不可設矣。故立於易，而候規重塑，利涉大川。

象曰：上解下井，候規。學者以艱學求易。

上六，自擇層制。

象曰：自擇層制，大艱智體也。

六八，以傳擇體。

象曰：其先取其所，終難悟。

九七，動感候變，厄，吝。

象曰：失機也，有智如有愚，厄，故吝道矣。

六六，德以立易，利涉大川。

象曰：已雖不知，德以立易，中可取智，利涉大川。

九五，解機，利艱貞。
象曰：候規立易，解機而候制立，利艱貞。
六四，候規恤情，利攸往。
象曰：其立於易而可辨，故利攸往。
九三，聯次所遺，貞吉。
象曰：其映取活涉，隨之候變而重塑，貞吉。
九二，井艱之汲，往吝。
象曰：先引設，以維功，其降冪之智，井艱之汲，倍事也，往吝。
初六，智制啓愚，凶。
象曰：智制啓愚，候變大制也，型不得體，凶。

陰辨：◎候規，立基於變化，而後延伸確規，求所制體。至少對人的智能結構而言，知的本質，脫離不了慣性形成的意識型態。所以其最艱深的知能方式，是立基於變化，塑造思維變化的玄帶體，才去設立銜接情境的，自擇慣性聯次規制。而聯次規制，相對於取象歸納，是活性涉辨。公設規制，可以隨著不同的思維方式，有不同的顯現。

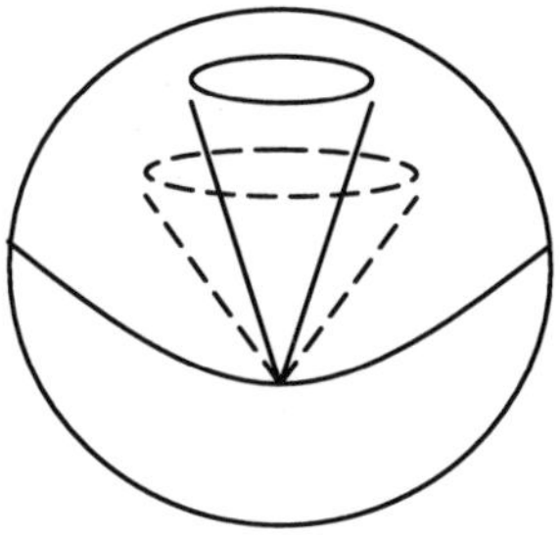

陽識：◎智能奠基於長時間的，自擇慣性聯次演化過程，形成諸多原始因子，而俱有候變性。與現實的變化，其實有很大的脫節，是故無論擬制物理規範，還是數學規則，最深入的學體，必定不是先求公設的方式獲得。先求變化而後規制，此候規之義。

次乾卦

次乾。恤所往昔，隨擇而變，動健始化。

彖曰：次乾，合昔經，中有取，原始以深綱健行，續制下經以衍後體，利艱貞。

象曰：倚動作險而伏健，次乾。智者以今昔同乾。

上六，資始以合。

象曰：乾元資始，始以次易度健。

六八，次乾合經。
象曰：動健剛柔而以原始，故合經也。
九七，合時之哲。
象曰：以取深積，利悠遠。
六六，設次乾。
象曰：往昔之健，後有屬行。
九五，疊乾取一，利艱貞。
象曰：易雖無一有衰，疊乾取一，設體以涉，利艱貞。
六四，次乾攸往。
象曰：次乾攸往，取以續制也。
九三，涉始之綱，無咎。
象曰：涉始之綱，所悠遠，健變也，無咎。
九二，次乾以倫，元亨。
象曰：次乾而動健溯綱，以倫，元亨。
初九，自固取境，終厄。
象曰：自固取境，後人不進，終厄。

陰辨：◎次乾，原始的動健。動健能力，就是則可隨擇而變的程度。情境中，剛柔相對，有無相映，不斷地延伸，乃至於一切的取象，都是相對映所形成的殘片。若體系原始的因素，受外界因素的刺激與干擾，則該體系的動健之力，從而會改變原有的運行態勢。動健的本身，除了表象的剛柔有無情境，尚有深層且結合時空原始的造化。

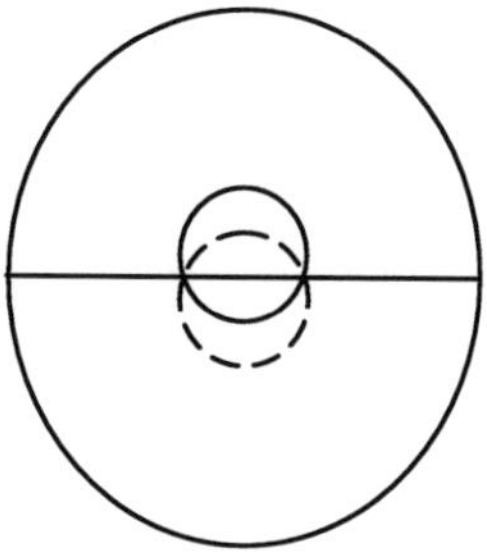

陽識：◎下經次行疊乾，結合易經之動健，與次易之原始，聯通不同時空中，對乾的概念。

 **次坤卦**

次坤。降冪靜順，其同動體。

彖曰：次坤，合昔經，動以取，降冪而體於靜順，續制下經以衍後體，貞固。

象曰：倚動作悅而伏順，次坤。智者以今昔同坤。

上六，相形映對，利貞。
象曰：降羃同濟，靜順相形，映對以取，利貞。
六八，取往哲，利涉大川。
象曰：往哲雖繁，艱貞以取，利涉大川。
九七，即經後體。
象曰：次坤即經，後體以進，而生奇變也。
六六，設次坤。
象曰：往昔之順，後有屬行。
九五，相形寓動，元亨。
象曰：雖靜順，相形而可寓動，元亨。
九四，靜以凝動，無咎。
象曰：靜以凝動，曲體動健也，無咎。
六三，降以既。
象曰：其以既然，當以現基取設。
六二，次坤越義，往吝。
象曰：受既而越義，不恤實也，往吝。
初六，處履霜，大利悠遠。

象曰：外似靜而取體以動，涉義，大利悠遠。

陰辨：◎次坤，降冪的靜順。靜順之凝，在易體降冪而言，與動態一致。情境事態的演變，都引相對參考體，相映而成，然在降冪的大體中，靜順也可以形成動體意義，相對中存在絕對的上制。變易體降冪同濟所有情境中的動靜意義。

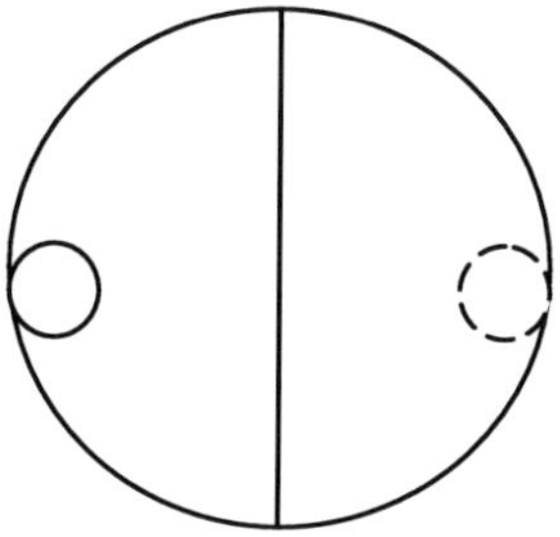

陽識：◎下經次行疊坤，結合易經之靜順，與次易之降冪，聯通不同時空中，對坤的概念。

 **次震卦**

次震。反濟於省，取有廣義，元亨利貞。

彖曰：次震，曲積速機，引會而動顯，得取濟而以廣義，貞可行也。
象曰：倚伏皆動而作悅，次震。智者以今昔同震。
上六，驚無尤，利便省。
象曰：驚無尤，突顯綜數，大取所隱也。
六八，綜體與交。
象曰：取象綜態，與交不取，有驚震矣。
九七，積所隱象。
象曰：隱象不取也，不利攸往矣，以生變變也。
六六，設次震。
象曰：往昔之動，後有屬行。
九五，次震與攸，元亨。
象曰：次震與攸，引濟廣義，元亨。
九四，顯動取象，無咎。
象曰：其取象雖不有不及之積，引無咎矣。
六三，次震真省，大利悠遠。
象曰：真省其取，智必進也，大利悠遠。
六二，虛界致亨。

象曰：雖取象虛界，而致易，亨。

初九，引界取象，終厄。

象曰：終不反濟，引以虛界而不廣，終厄。

陰辨：◎次震，突顯和與驚省。突顯的真象，並不僅短時間顯示，而是有一段時制的潛積，只是當中的累積曲線，並不被自身理解的取象所囊括，等到此情境累積曲線，與取象曲線，產生綜合交集，才產生了突顯狀態。所以次震必反濟於本身的取象模式廣義化，才是真的體會到驚省大義。

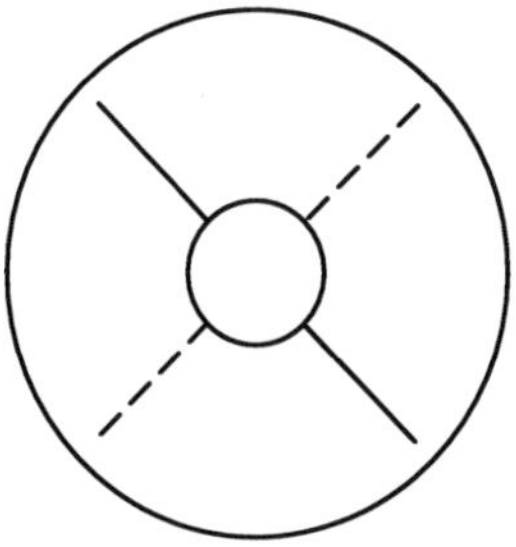

陽識：◎下經次行疊震，結合易經之驚省，與次易之久聚突顯，聯通不同時空中，對震的概念。

次坎卦

次坎。擇所避而有違，以固而潛衰。

彖曰：次坎，易無分，變阻以險，違避自固，情所自擇而忌，衰浸矣。

象曰：倚動作悅而伏險，次坎。智者以今昔同坎。

上六，無一整易，利艱貞。

象曰：慧之極倚，無一整易，高固也，利艱貞。

六八，即則大避，元亨利貞。

象曰：即所則而避其情境，真大避也，元亨利貞。

九七，自然次坎，引悠遠。

象曰：自然次坎，更始之險阻，其衰也，引於悠遠，而生曲變也。

六六，設次坎。

象曰：往昔之險，後有屬行。

九五，自擇次坎，速衰。

象曰：重所變阻矣，故而速衰也。

九四，慎取次坎，無咎。

象曰：慎取而欲求自固，雖有失，無咎。

六三，固溯，往吝。

象曰：固溯雖具，終有事變，往吝。

九二，違則之據，終厄。

象曰：有所違則矣，不恤曲變，終厄。

初六，和險濟，大利攸往。

象曰：和險濟而實固矣，大利攸往。

陰辨：◎次坎，塑險逆衰變。塑險域，而產生變阻，必在違避某些可然的法則。然而變易體整而不可分。無論是人阻，還是自然之阻，其情境體必然因自擇慣性之聯次，以違避某變易法則運行於己身。自擇區分變易法則，而又受易，於情境的取象來說，即是衰變。我們對自然有次坎塑險之設，自然對我們也有次坎塑險之設。宇宙之廣泛不能交通，今昔之人不能對話，此情境體對微小的忖階意識，也塑設險阻，不予無窮全亨。是故宇宙情境雖宏大，也必有受易而衰變之狀。潛伏於自身對映之中。

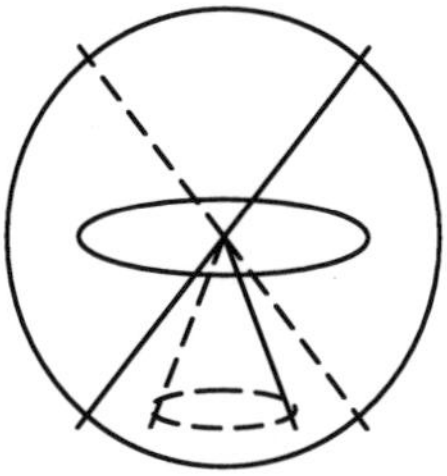

陽識：◎下經次行疊坎，結合易經之險域，與次易之衰變，聯通不同時空中，對坎的概念。

次兌卦

次兌。合提而過所幽閉，可慧悅習。

彖曰：次兌，幽閉之錮，自擇幾然，易不以限，知應過越而晉慧，悅習元亨。

象曰：倚動而伏作皆悅，次兌。智者以今昔同兌。

上六，幾錮。

象曰：自擇幾然，必引錮矣。

六八，次兌過錮，利艱貞。

象曰：過錮破習也，必有擾，利艱貞。

九七，合提併域。

象曰：合提併域，以生律變也

六六，設次兌。

象曰：往昔之悅，後有屬行。

九五，放鄙局，大厄終凶。

象曰：位高而溺於鄙局，錮求知應之悅，大厄終凶。

九四，鄙悅，終厄。

象曰：不明大義，求使鄙悅，不真得矣，終厄。

六三，次兌是慎，貞吉。

象曰：次兌是慎，不離存義，貞吉。

九二，返始次兌，吝。

象曰：似有悅習，感固而不大化，其吝道矣。

初九，同和過越，利涉大川。

象曰：其進慧也，雖有錮艱，可以過越，利涉大川。

陰辨：◎次兌，知應過幽閉。在變易大體中，悅習求增，有先天自我幽閉之錮，當悅習之增觸及於自我幽閉之禁時，必定又重新觸動，原始的感知與欲望。故不斷地悅習，真正的通慧，並不能隨之等比成長。是故悅習之塑，必合同知應通感，越過固有的感知幽閉。

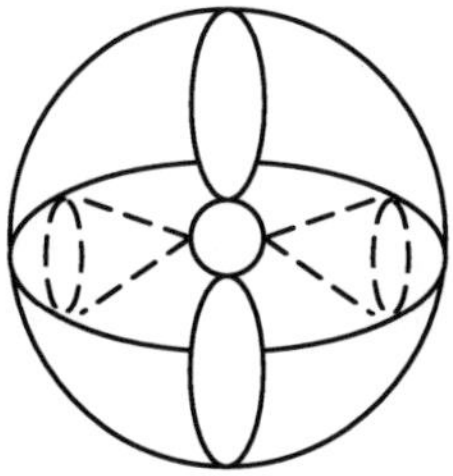

陽識：◎下經次行疊坎，結合易經之悅應，與次易之幽閉，聯通不同時空中，對兌的概念。

次艮卦

次艮。等價維爲本，高羃因固，元亨。

彖曰：次艮，一不固，守止高羃之變，可因固矣，其利悠遠之續，故而元亨。

象曰：倚動作悅而伏止，次艮。智者以今昔同艮。

上六，次艮情潛。

象曰：以受時制，可以久遠。

六八，廣存守止，大利悠遠。

象曰：過往廣存，時制守止，復可用也，大利悠遠。

九七，次艮慎用，無咎。

象曰：用體取高，成維慎用，無咎。

六六，設次艮。

象曰：往昔之止，後有屬行。

九五，取則異伸，吉。

象曰：高羃之艮，後必取則，異伸而往，吉。

九四，原始塑艮，利悠遠。

象曰：原始脈絡，引以等價，塑艮，利悠遠也。

九三，脈涉，利艱貞。

象曰：以始而脈涉其則，後有得，利艱貞。

六二，固降次艮，終凶。

象曰：固降次艮，曲所性也，始雖立，終凶。

初六，因固，無咎。

象曰：雖不受變，慣性有存，無咎。

陰辨：◎次艮，守止與存在。而高冪的等價，決定低冪的慣性，再決定低冪存在。所以一個系統的長久存在，整個牽連的原始脈絡時義，必然守止與先天等價之下，而後則取延伸。

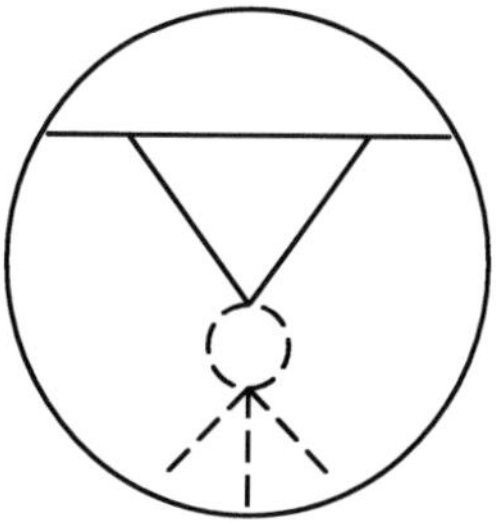

陽識：◎下經次行疊艮，結合易經之守止，與次易之存在等價，聯通不同時空中，對艮的概念。

⚋⚋⚊⚋⚊⚊⚊⚋⚊ 次離卦

次離。⿰牛先原著體，總覽顯制而涉。

彖曰：次離，未必麗照也，⿰牛先原動體，而其有拓展，超其時制之麗，大麗體也。

象曰：倚動作悅而伏麗，次離。智者以今昔同離。

上六，次不顯照。

象曰：次不顯照，離義涉深。

六八，總大體，自次離，利貞。

象曰：自次離，外未可見，大體可運，利貞。

九七，偵次以幻，無咎。

象曰：雖未見照，偵次以幻而取，體不誤也，無咎。

六六，設次離。

象曰：往昔之麗，後有屬行。

九五，⿰牛先原建次，元亨，利涉大川。

象曰：其次離大用，是以元亨。

九四，複隱區覽，利攸往。
象曰：不僅於麗照，深有制也，利攸往。
九三，卓麗，不利悠遠。
象曰：可見於近，遠不即，不利悠遠。
六二，越時拓鑑，利艱貞。
象曰：雖鑑勝於眾，未必合矣，利艱貞。
初九，定固麗照，往吝，後厄。
象曰：定固不涉深，易必過矣，吝道也，居大位而後厄。

陰辨：◎次離，顯制拓展而麗照。存在的本身就由變易體而演制，必存演變肇原，故顯制的拓展，並不限於可見之麗。其麗也不必然，照於體制之可見，而可以隱性地超越現實時義，或系統的時制之外，來運行。故拓展新視野，則有新的判斷能力，是有所區段而總覽的。

陽識：◎下經次行疊離，結合易經之麗照，與次易之顯制拓展，聯通不同時空中，對離的概念。

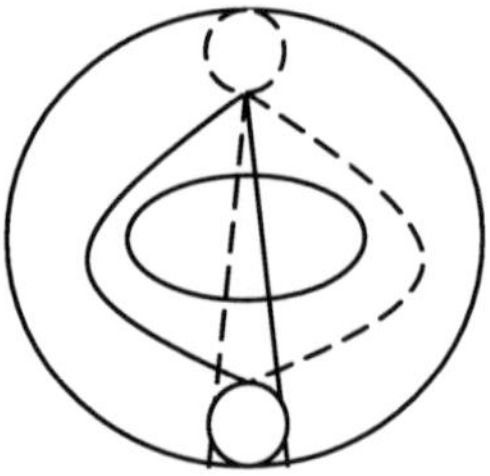

次巽卦

次巽。申入有失，後謹，利艱貞。

彖曰：次巽，易降而情不完制，申入之失，以顯遺漏，謹於行，利涉大川。

象曰：倚動作悅而伏入，次巽。智者以今昔同巽。

上六，次巽濟維。

象曰：濟維以勝，終可強也。

六八，廣申入，貞吉。

象曰：不錮滯也，其可後承，貞吉。

九七，申不規，終不大得。

象曰：申雖有取，降而不規，終不大得。
六六，設次巽。
象曰：往昔之入，後有屬行。
九五，主涉於謹，利艱貞。
象曰：必存遺漏，主涉有難，承所申入，利艱貞。
九四，謹於取，不利攸往。
象曰：謹於取，其所溺固也，不利攸往。
九三，申入有複，利涉大川。
象曰：申入有複，索啓遺漏，利涉大川。
九二，謹後取形，元亨。
象曰：謹後取形，不恤溺固，以自濟，元亨。
初六，次巽鑑時，利貞。
象曰：次巽鑑時，不憧也，可以大亨，利貞。

陰辨：◎次巽，申入其遺漏。總覽顯制之後，亦必有遺漏。在變易降冪下，申入任何的規則敘述，無論多麼地嚴謹精確，必存不規則秩序之誤態，也必存遺漏與不應變之狀。所以嚴謹精確的環節，適止於法則思維之後的運行銜接，在這之前的思維程序，必定以廣義而寬鬆的尺度來顯制。

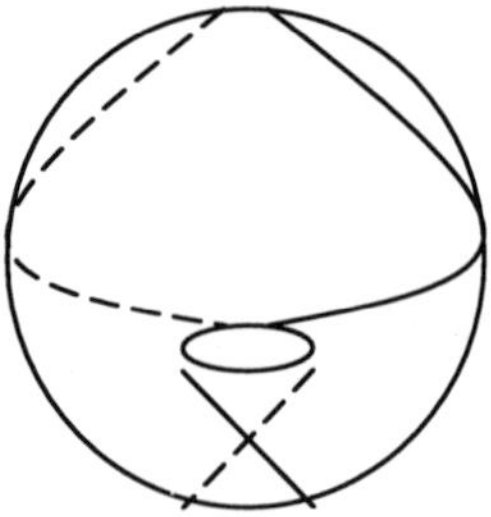

陽識：◎下經次行疊巽，結合易經之申入，與次易之法則遺漏，聯通不同時空中，對巽的概念。

⚋⚋⚊⚋⚊⚊⚊⚊ 貸穎卦

貸穎。虛逝通易，隱乾貸作，大慎所涉。

彖曰：貸穎，逝脈所代，以成奇穎，乾綱重擇而艱，雖勤恤過涉，亦有大坷於時義矣。

象曰：上歸妹下夬，貸穎。智者以行難涉之制。

上六，大須貸穎，利貞。

象曰：物不正，須而時久，易終不容，故大須貸穎，以有大克，利貞。

六八，貸穎處異，毋恤。

象曰：處異而非孤，不自棄，毋恤，後可立也。
九七，歸妹能履，吉。
象曰：雖處異端之逆，以之能履，吉。
六六，貸連，所貳，亨。
象曰：貸連，貳演借體，時空再擇，跨而亨。
九五，穎取異能，大利攸往。
象曰：其逆中取順也，能而無可敵，大利攸往。
九四，夬代之厲，爲咎。
象曰：有不是之義，不遇其時，故而咎也。
九三，貸不涉界，凶。
象曰：貸不入時矣，當自涉界，不至，凶。
九二，貸穎乾異，利涉大川。
象曰：貸穎乾異，設歧重擇，奇穎有源，利涉大川。
初九，涉過，元亨。
象曰：貸穎雖艱，涉過，大利攸往，元亨。

陰辨：◎貸穎，虛逝代換，而引借乾綱。演化脈絡的原始形態，連貫而有段續隱藏。而運用這些隱藏乾綱，可以將演化過程中，虛逝不取的狀態，重新引導出來，而代換現實的脈絡，複合現實時義，成情境跨度很大的貳演態勢。◎同樣的功能，有不同的形成方式，然而運用不同路徑，形成的相同型體，之間又有相互不通的功能。又乾綱原始而有同源，這種功能的驅動力量，必定不是新的系統，而是比演化本義更早。是故，虛逝代換，如同將不存在的功能，剪接到隱藏的原始因素中，產生極端非常態的運行方式。故曰：「貸穎乾異」。

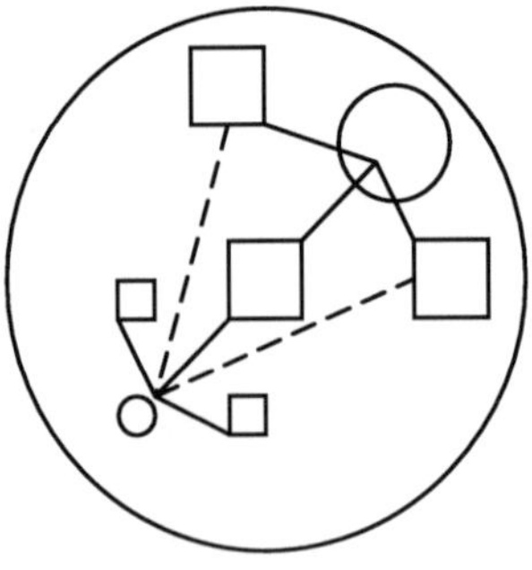

陽識：◎同樣組成分工合作之社會群體，卻可以由不同物種的演化路徑達成。此不同物種社會之間，有相同的功能，也有無法互通之處。例如人類的物質文化，螞蟻無法學習，螞蟻的共產體制，人類無法辦到。然倚昂時卦，時間軸不斷往前推移，則兩物種同源，而必有相同的原始因子，與連通的虛逝狀態。所以相互不通的之處，必可以由連通的虛逝狀態取代，且由相同的原始因子，重新設歧運作，假貸而互通。其所涉慧摹之義大哉。

陔輻卦

陔輻。混元無系，非一陔觀，不利貞。

彖曰：陔輻，混元等價，無區外，識辨引區，深精規合，以慎致也。

象曰：上小過下剝，陔輻。智者以往網是趨而同攸。

上六，混元無一。

象曰：降體混元，無一而陔輻同致。

六八，致無區，不利貞。

象曰：致無區，則觀無位，故不利貞。

九七，眾數趨無。

象曰：以無窮眾數而趨無，等價趨動也。

九六，同攸向取，元亨。

象曰：雖駢亂，同攸向取而有得，元亨。

六五，陔輻同攸，利涉大川。

象曰：同攸而義正，利涉大川。

六四，深取精。

象曰：聚焦歸元也。

六三，精取深。

象曰：多象散致也。

六二，小過之觀，征凶，不利涉大川。

象曰：其自陷偈促，剛愎不納也，故征凶。

初六，剝元之區，亨。

象曰：御剝易而取位區，亨。

陰辨：◎陔輻，影易六十四卦之一，整體輻網訊攸觀。一事體包含很多事件，當中某些事件是，當局者迷，旁觀者清，有些事件則是旁觀者迷，當局者清。所以真正徹底認識一事體，必然局裡局外都要建立，洞悉精深的觀察點，輻網連亨而同制所有事件的聯合態勢。故曰：「陔輻同攸」。

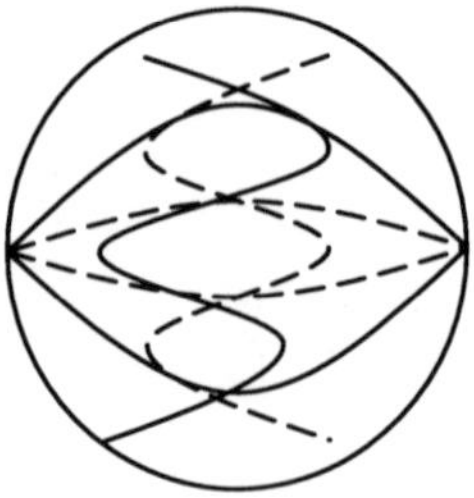

陽識：◎倚逡景卦證，藝術中的散點透視與焦點透視，雙向可以有同制性，從而架構出陔輻同攸，的層漸趨動型態。此其深層所構矣。

-:- -:- — — -:- -:- -:- -:- — **蔭踐卦**

蔭踐。有蔭映，健踐反曲，慎恤。

彖曰：蔭踐，感變任事，必存蔭伏，有不大觀總整，先踐而後反曲，故慎所恤也。

象曰：上小過下頤，蔭踐。嚴者以深感任事。

上六，易整不一。

象曰：易整不一，不與其情。

六八，先運取慣。

象曰：先運取慣，感察必後

九七，潛踐之健。

象曰：潛踐之健，易降之必運矣。

九六，蔭情，不恤，有惱。

象曰：蔭情而有不欲觀，其作不恤，有惱。

六五，蔭踐反情，凶。

象曰：反情，而顯於作，終不可制，凶。

六四，小過之作，終厄。
象曰：其不涉大總，終厄。
六三，反情倚隱，利基，無咎。
象曰：反情倚隱，蔭踐不顯，利基取正，無咎。
六二，頤所蔭映，恤往，貞吉。
象曰：其深觀也，以頤養，貞吉。
初九，蔭踐規總，利艱貞，利攸往。
象曰：規總而通恤，以攸大體也。

陰辨：◎蔭踐，影易六十四卦之一，情境相對與相反之聯映結構。感知是被動的，必定不是先機，察覺到情境變化，代表必有其相反與相對之變，已經先運行其法則。故在感知被動下辨識，用一情境觀測一變化的定義，必倚靠一定程度的，相反與相對情境運行，才能成立。

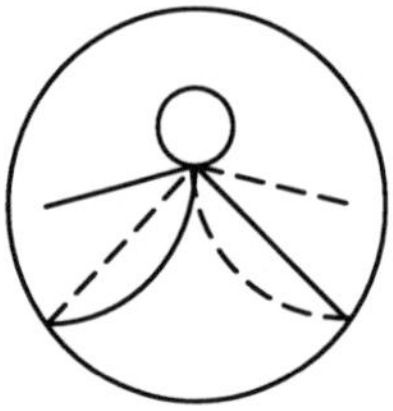

陽識：◎變易而言，相對性法則，是同存同運的，而對映其情境存在的意義。相反是不同存而同運者，其所捨棄截然不同的另一虛逝路徑，而讓叁何卦所分，動健之力可行。◎是故感知被動，所適性者，其運行必定或隱或顯，中性地，先經過所不適性者。從而任何常習意識，都不會去觀察到，掌控自己興亡的總體法則。

促繆卦

促繆。一識建升，促體終誤。

彖曰：促繆，升體而促，繆引索易，實有不與制名，亡之基也。

象曰：上小過下蒙，促繆。智者以辨誤後體。

上六，索易俱運。

象曰：其所促，繆而俱運。

六八，促繆過辨，元亨。

象曰：引促繆，過辨而近降制，元亨。

九七，繆即所滅。

象曰：促其易也，必即所滅。

九六，促繆行與，利貞。

象曰：雖不真制，行與暫棧，利貞。

六五，輯以促，亨，貞固。
象曰：以有建制，促而及，亨，貞固。
六四，蒙升制，往吝。
象曰：其蒙而不辨悟也，升制有繆，往吝。
六三，促繆陰諷，終凶。
象曰：執其升誤，而不知顯，實以陰諷，終凶。
九二，小過促繆，厄。
象曰：小過促繆，基有誤，不可大事矣，厄。
初六，促繆之輯，無咎。
象曰：其可亨，近取，無咎。

陰辨：◎促繆，名實輯差，行爲認知架構的相對斷層，與無法銜接帶。倚升岔卦，從一建制而來的思維路徑，利於體制的快速架構，然必有扭曲與誤差。當倚建制之體制，爲認知的根本基礎，運作於情境的大體中，則必然產生其數制的差距，與名實之乖繆，但是智能的認知體制，卻不一定能接受，自己扭曲的乖繆。故曰：「促繆陰諷」。

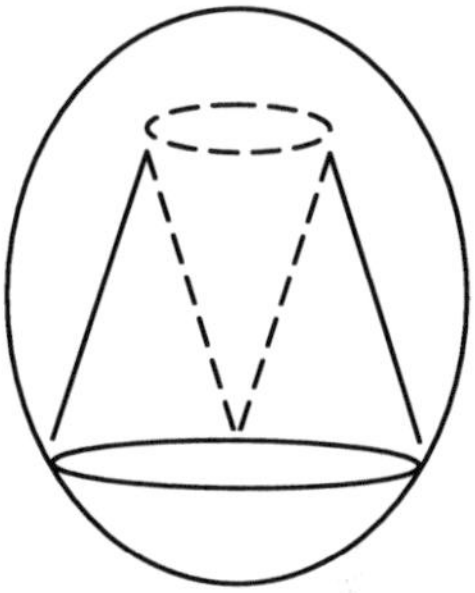

陽識：◎人的判斷，與實際完全相反，卻可以成立於現實當中，甚至強迫其他人接受。不只人的認知行爲，累積下來的歷史，包含學術體亦然，此促繆乖誤，可以是變易體之降冪衍伸，可以在最終的興亡存廢，展現其變化形式。

氤忞卦

氤忞。趨易統合，廣義探學，伸制大亨。

彖曰：氤忞，慣性氤漫，忞艱趨易，近無窮而伸制構能，故而大亨。

象曰：上小過下艮，氤忞。學者以統制氤學。

上六，宏統大艱。

象曰：自擇則慣，故求宏大艱。

六八，歸易大化，元亨。

象曰：深制雖艱，大化所學，元亨。
九七，氤忞課間。
象曰：據具而無所憑，課間而陷艱也。
九六，氤忞宏擇，大有得，利悠遠。
象曰：氤忞宏擇，非常之制，故大有得。
六五，氤忞宏降，貞吉。
象曰：宏降，以求真據，貞吉。
六四，慣曲塑直。
象曰：其論直以得質，曲爲大積也。
九三，小過之吝，終厄。
象曰：其科局而不趨涉，吝，終厄。
六二，小過之基，大利攸往。
象曰：以積小而成，雖非宏降，大利攸往。
初六，氤廣，利涉大川。
象曰：氤廣而終可克難，利涉大川。

陰辨：◎氤忞，影易六十四卦之一，慣性的廣義彈性。任何形式的辨認，都可以定義動態，乃至於無窮隮化歸易，從而統合形式之間的聯通性，產生慣性的廣義彈性，而其聯次相映之自擇，可以建制，原本無法建制的體系。

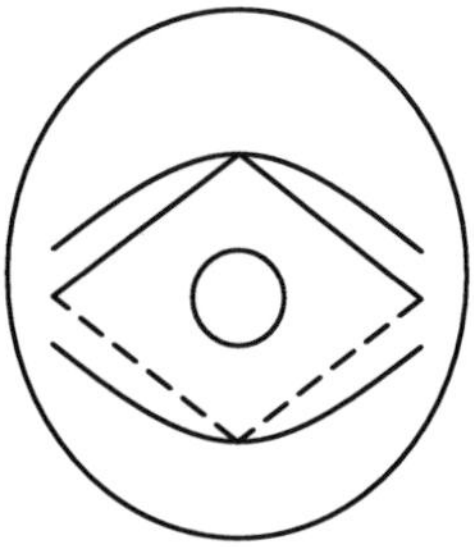

陽識：◎倚冪屈，在生命體的分工組合中，細胞之間的分工，起於塑造各自慣性與其組合，當然這種塑造，因於自擇存在，並不會百分之百永久服從，而可能有當中的細胞背叛者。然而必然得取制於，更原始的組合型態，所產生的和曲，使原本的慣性捲曲，至少可以契合大致的功能。形成動態的疊合，隮化天趨，從而架構原始細胞不可能的路徑。影易統合而連致六爻，其義大矣。

隮化卦

隮化，升疊複動，而及趨於無，影易大元。

彖曰：隮化，以動靜相形而趨無，伏羲先天以往，華夏後學所晉，雖艱而可後致，其與文明，大利攸往。

象曰：上小過下賁，隮化。學者不棄所本。

上六，隮化儀存。

象曰：雖趨純動近易，兩儀至存。

六八，無涵，取影，元吉。

象曰：無涵大學，取影而可後趨，元吉。

九七，兼疊，用過。

象曰：其動爲境底，兼疊隮動，用過而亨也。

九六，隮化天趨，大元之亨。

象曰：隮化天趨，塑行高體，大元之亨。

六五，離一近無，大利攸往。

象曰：離一，而無窮也與，隮化大治，大利攸往。

六四，新具，慎恤。

象曰：隮化複動而涉用，新具其顯，慎所恤也。

九三，慣拒疊趨，始難，終構。

象曰：隮化本之，趨涉也，故終構。

六二，賁文不晉，往吝。

象曰：雖有高化，其溺依於一，不晉，往吝。

初九，小過之用，有遠棄。

象曰：其小室而浸利，雖非其咎，終有遠棄。

陰辨：◎隮化，影易六十四卦之一，升疊趨純化。非純動態，即以靜態爲基底而取象之動態，俱備動健運行，那麼以動態爲基底，所產生的更動態，將具備更強大的動健力量。此相對於靜態定義者，必然是蘊含，「無窮」的趨向，此相對於隮化動態定義者，靜態爲「無」的趨向。故曰：「隮化天趨」。

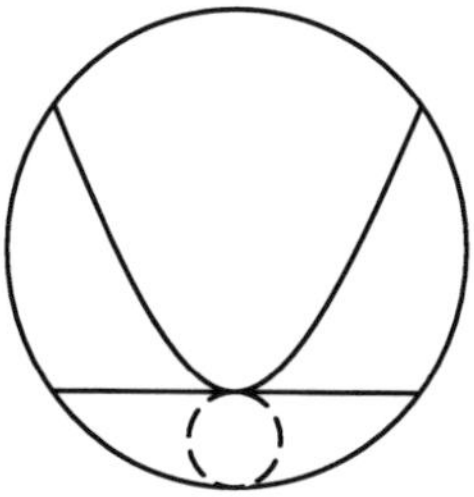

陽識：◎倚絕踐卦，若將隮化之易，用比於物體運動，則爲廣義化的加速度。即原本的速度值，只是個靜態「一」的意義去架構，而原本的距離值，是「無」的意義，如此則可以在加速度中，取象出具象型態的演變。型態的變化，也同制於此。物體運動與型態之統合，自擇慣性，聯次改變運作，於此易大矣。

逍逕卦

逍逕。不同眾，自逕有鄙，利艱貞。

彖曰：逍逕，等價必攸，必有逍歧，抑顯而生暗，終必自厄所義。

象曰：上小過下蠱，逍逕。嚴者恤辨原力。

上六，逍逕廣攸，元亨。

象曰：易均給，逍逕廣攸，元亨。

六八，慣役，凶。

象曰：雖爲倚作，慣役之，凶。

九七，蠱等之離。

象曰：其必也，終不可克矣。

九六，不恤同制，利攸往，貞吉。

象曰：不抑不恤，同制合取，貞吉。

六五，逍逕拒往，吝。

象曰：雖有異能，拒往，終吝。

六四，逍逕源能，利涉大川。

象曰：雖有吝，源能自致，原力以予，終可得，利涉大川。

九三，小過之逍，不得。

象曰：小能之過而逍逕，終不得也。

九二，抑逍逕，終厄。

象曰：雖以慣而抑之，終不滅存，異蝕也，終厄。

初六，等異隱逍，凶。

象曰：隱逍而難善，蝕傾，凶。

陰辨：◎逍逕，影易六十四卦之一，逍遙自逕，而不束之個體，於整體的意義。從虛沌無一衍伸而論，所有組合個體而成的整體定義，都必有不受拘束的離子性，稱逍逕之易。等價決定慣性，慣性決定存在之下，不可能避免此狀態產生，倘若基於大多數個體的慣性，強制翦除逍逕，必然從另一種狀態產生逍逕的變化。故面對游離不受拘束的變化，必然導引致有利於原力汲取的適制。故曰：「逍逕適制」。

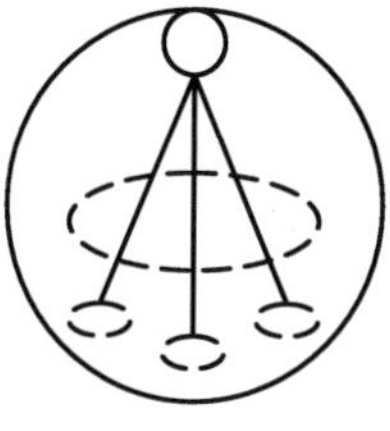

陽識：◎假若無害的「逍逕離子」受到抑制，那麼破壞性的離子產生的機會就會很大，這必然是存在者，所無法破壞等價之則。而想從慣性，來決定另一種「逍逕離子」的產生狀態。倚隮化卦，除非掌握無窮的定制，不然不可能控制得了。◎故以人類的文明能力，不可能靠壓制逍逕離子，來維繫權力延續，或其他的慣性的壽命，強行之，只會產生，另態腐滅的情境。

-:- -:- — — -:- — -:- -:- -:-

沌伸卦

沌伸。無界同攸，沌變曲體，貞固。

彖曰：沌伸，既一而易無界，內外等義，沌而涇曲變伸，始銳亨而終溺固。

象曰：上豐下晉，沌伸。學者以文曲發。

上六，無界等易。

象曰：設其攸往，利涉大川。

六八，內引發。

象曰：攄存引發，內置曲外。

九七，外聚取。

象曰：取象密確，外置曲內。

九六，沌伸曙涇，元亨利貞。

象曰：沌伸曙涇，初始必象盛，元亨利貞。
六五，曲發揉伸，和沌致制，吉。
象曰：其曲有主從所位，大有利用，吉。
九四，沌伸有歧，無咎。
象曰：其形潛有異矣，以曲發通和，無咎。
六三，象形取文，大利悠遠。
象曰：雖有抑於下，得象盛而取文，內發也，大利悠遠。
六二，音辨取文，慎恤。
象曰：雖有彰於外，外取也，終有溺固，慎恤。
初六，隱文志亨。
象曰：隱文所本，和文之伸，皆可亨，達其所志也。

陰辨：◎沌伸，影易六十四卦之一，一定義體，存在演變由內而外，取象演變由外而內。內而外，內自組艱深；外而內，取塑造繁精。對存在體悠遠而言，必然以內而外為動健根本。對取象強勢而言，則反之運行。是故一定義體，在兩儀相映下複合而成。◎兩者之間存在，重儀、兩化的銜接結構，塑以沌伸混體。然一般的自擇軌跡相映於慣性，擾儀而並不會，固定這種標的運行，而陷於隨機混作之中，從而剛開始具顯鋒芒，而後一體僵化，自伸變易所致。故曰：「沌伸曙涇」。

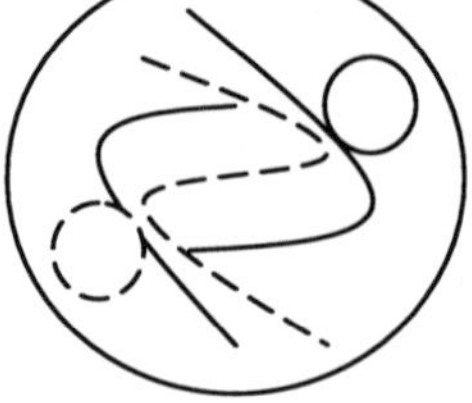

陽識：◎象形龐雜，變行內而外之自組，拼音檢簡，變行外而內的塑造，從而文字型態影響哲學型態，哲學型態決定科學型態。然而現有的任何文學者，絕大多數沒有把握住，這種驅動關鍵，失去沌伸曙涇之健矣。從而文字型態的隱藏知性與潛力，即悄彩之義，並沒有被發揮。所以科學一致化，一致則僵化。失去開始發展時的鋒芒，導入精緻的物欲消費而已。

-·- -·- — — -·- — -·- -·- — **霓擬卦**

霓擬。易取連映，霓假同變，有溺往，不利貞。

象曰：霓擬，霓以假映，合而義，有不續亨，其過變阻而合，雖擬，鮮有相容，不利攸往。

象曰：上豐下噬嗑，霓擬。仁者以善妥合義。
上六，霓廣攸。
象曰：虛比必可合，霓假廣攸矣。
六八，擬辨，貞固。
象曰：虛實互曲，相映擬辨，等可錯辨，貞固。
九七，實擬未擇，大阻。
象曰：雖實擬而擇有所斥，故大阻矣。
九六，霓映塑實，無咎。
象曰：易曲象，必有虛實合映，以塑實，無咎。
六五，霓擬析塑，利艱貞。
象曰：霓擬析塑，通麗而主辨，合義新體，利艱貞。
九四，合實，不利悠遠。
象曰：其慣性斥矣，雖勉合，終落，不利悠遠。
六三，豐象霓獻，往吝。
象曰：取豐象，霓獻以近，不與實也，往吝。
六二，錢鈔溺霓，凶。
象曰：其成固慣，而未達本義，凶。

初九，噬嗑滅曲，終厄。

象曰：其始衍不諧，滅其曲，終有厄矣。

陰辨：◎霓擬，影易六十四卦之一，虛假的架構，與真實的架構，同樣存在於無一虛沌的等價狀態。所以無論虛與實之間，兩虛或兩實之間，兩者都必然可以混合變化，只在於相互都具有交敕網，與聯次架構的原始因素阻擾，且穿過這些阻擾，混合出來的型態，也大多不符合，原先自擇與慣性相銜之目的性。兩體系之混合體，容易因此，陷於原始因素，在無窮取象當中而自我傾覆。

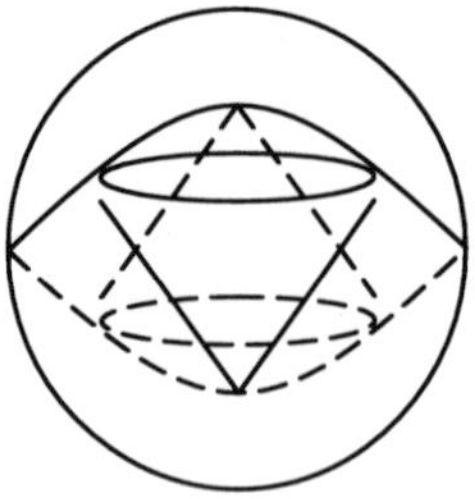

陽識：◎光生虹，虹映霓，任何已成的物質取象結構，都必然霓擬虛假架構與其中，也就是任合物態都是具備，虛實兩種結構象。若兩體系之間，穿過交敕網阻礙，兩者之間，必然甲虛合乙實，甲實合乙虛，形成混合體。◎從物質，到物種，到文明型態，都有虛假出來的架構，同時運行於其中。假若錢鈔這種「廢紙」是真實存在的具體物，那麼背後定義出來的價值，就是虛假的架構，價值趨動人的行爲又入了真實的結構，人的拜金動向，又成了虛假的結構。

對阱卦

對阱。易大限系，錯歧所則而可觀。

象曰：對阱，僅對而隨，觀者失攸，其必不得，則合而情失，溺阱而不可觀，此易所以大存也。

象曰：上豐下未濟，對阱。智者以觀猜想，勤恤求則。

上六，易降包辨。

象曰：包辨，而陷溺冪阱矣。

六八，對阱漸遮，往無然。

象曰：對阱漸遮，纖然之蔽，雖取往，而無可然矣。

九七，則錯情演。

象曰：情演，觀可關攸也。

九六，則合大限。

象曰：雖動震觀麗，則合而大限。

六五，對阱用機，慎恤。
象曰：欲瞽人，亦有瞽己，故慎恤。
九四，對阱之瞽，無咎。
象曰：對阱而則合，雖瞽，無咎。
六三，豐攸其位，利攸往。
象曰：雖不得全，豐象而相攸，觀位達也，利攸往。
九二，對阱交失，往吝。
象曰：法則合滙，而取象交失，終不可濟，往吝。
初六，未濟對關，可恤。
象曰：雖未濟之，對關而感，可恤矣。

陰辨：◎對阱，影易六十四卦之一，觀察者受辨入阱。倚交敕卦，在原始的交敕網之上，等價意義必然架構法則，通制於廣大情境中，返辨法則本身的智能態勢，包羅觀察者與被觀察的情境。即觀察者定義：「慣性決定存在時」，則慣性之上，還有超過存在意識的「廣義存在體」。

陽識：◎對阱已經不限於生物的意識之間，任何物態之間受此則。◎若決定一個房間存在的「所有法則」，與組成觀察者本身的法則，完全相等，而房間擺設許多，可以被觀察到的物體。那麼房間可以讓，觀察者一進房間，看到就是空的，離開之後，就可以再把東西顯現出來，即使使用各種儀器幫助，觀察者也永遠看不到房間的物體。觀察者本身與被觀察的情境體，法則結合得越密切，越趨向於這種變化。所以形成智能本身的法則，具有漸次遮蔽的態勢。而變易之上至理，具有絕對的遮蔽象。◎被辨識到的情境存在，與觀察者之間，有一段演變落差，才能形成「客觀觀察」的事件存在，而此事件，因此必存在程度性，不會是「絕對客觀」。

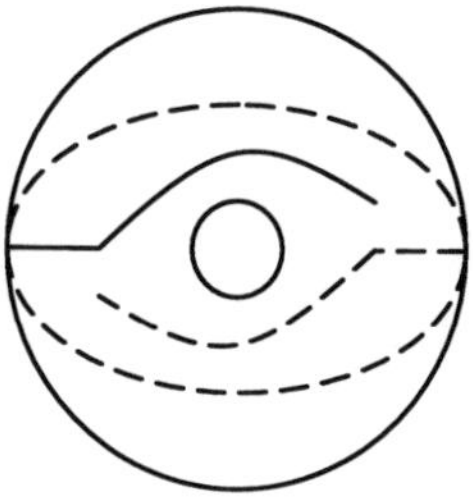

維妨卦

維妨。維深高冪，悠遠之大妨，不利貞。

彖曰：維妨，二元交取，存滅相形，以似多致，終簡而高維，妨阻所期也。

象曰：上豐下睽，維妨。仁者以育智維。

上六，重儀之維，神曲。

象曰：其二元之構，萬象因音，故神曲也。

六八，維妨交形，元亨。

象曰：其以存架構，元亨。

九七，簡取維，利變制。

象曰：雖不正貞，因可變制而用易重形。

九六，維妨悠遠，慎恤。

象曰：其大宇悠遠，慎恤而行，大有得。

六五，維妨交制，往吝。

象曰：雖分也，增妨演擾，交制錯曲也，往吝。

九四，豐元，不利攸往。

象曰：豐元雖享，非與據實，不利攸往。

六三，睽溺，終厄。

象曰：三交聚立，睽溺乖異，不恤貞體，終厄。

九二，維妨交取，利艱貞。

象曰：存滅亦其制也，利艱貞。

初九，妨期之擾，以克。

象曰：必擾所期，大取以克。

陰辨：◎維妨，影易六十四卦之一，思維與思想的二元三交。降冪當中，思維深邃本質複雜，由無窮而制，卻被意識取象簡單，動態而取靜架構。而思想粗淺本質簡單，由一而啓，卻被意識取象複雜，靜態而取動架構。◎在坤降中，思維本易而取難，思想本難而取易。爲聯次大體原始所制，成所妨阻。◎思維本始而取末，思想本末而取始。累此三交，簡單的高低冪相對性二元，形成多元化狀態。◎那麼建立深邃觀念的思維架構，就是最大的妨礙或是助力。思想是擾亂或架構思維的根源，思維也是引取或隔絕思想獲得的根源。兩相趨動，二元對映，同爲互擾。簡單深取雖然於易相逆，然因此真正的大體吉凶動態，思想形體變化，就此而行。故根本在於思維之制，妨阻也在於思維之體。

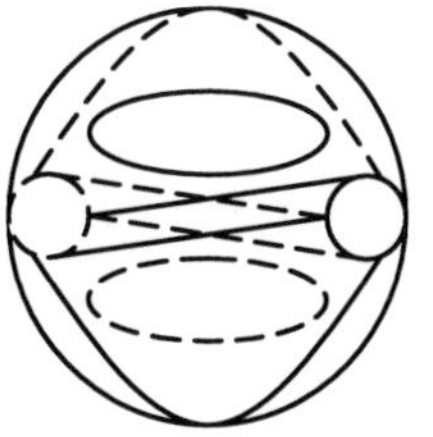

陽識：◎思想是什麼？由從本來就沒有思想，來出發。從生成到取得，都陷入二元的體制中，去架構以爲的多元化，與存在的狀況。

-:- -:- — — -:- — — -:- -:- **轉繫卦**

轉繫。維制，不恤所誤，利有攸往。

彖曰：轉繫，維以上，以後形，雖異歧而後轉繫等維，隱而本，元亨，利涉大川。

象曰：上豐下旅，轉繫。學者以舊維新思。

上六，易維，元亨。

象曰：易維，思以近矣，元亨。

六八，等維之昜，利攸往。

象曰：其有勵，利攸往。

九七，誤形，無咎。

象曰：誤形可繫，轉以亨，誤無咎矣。

九六，轉繫承維。

象曰：轉繫承維，續以新，大利悠遠。

六五，更新後化，利貞。

象曰：其後化，辨以轉繫，其維利貞。

九四，襲繫，利艱貞。

象曰：襲繫攸往，制以異形，利艱貞。

九三，豐向引取，所誤。

象曰：其有迷也，故有所誤。

六二，棄維，大失，終厄。

象曰：棄維而仰他形，失本甚矣，無以後取，終厄。

初六，旅象有繫，亨。

象曰：旅象以轉，其維有繫，亨。

陰辨：◎轉繫，影易六十四卦之一，承襲與轉變。思維高制於思想之上，任何一個成體系的論述，必有錯誤，然即使有錯誤，其思維的存在，仍然有等價的根本價值。而承襲的意義，其最關鍵的變化，反而在錯誤的產生。◎次易銜易經，必然承襲先據的思維，而用誤轉繫，成承襲的最大意義。故曰：「轉繫承維」。

陽識：◎繫辭傳：神無方，易無體。次易：變易體。繫辭傳：居則觀其象玩其辭，動則觀其變玩其占。次易：靜則觀象蓄思，動則辨變制維。繫辭傳：生生謂易，成象謂乾，效法謂坤。次易：生生謂易，成象降存曰坤，效法運行曰乾。繫辭傳：以言者尚辭，以動者尚變，制器者尚象，卜筮者尚占。次易：論尚則，動尚變，思尚健，制尚象。

-:- -:- — — -:- — — -:- — 始悠卦

始悠。返始之存，弧築攸往，不利貞。

彖曰：始悠，以時而中時，始以制其動，故弧築攸往，存而已演悠遠。

象曰：上豐下離，始悠。學者以型演辨存。

上六，聯次復擇。

象曰：等價其慣存，而以復擇。

六八，上塑仰綱，無咎。

象曰：上塑仰綱，始可悠遠，無咎。

九七，返始同降。

象曰：同降而自適，必以再塑。

九六，優不受恤，往吝。

象曰：聯次復降，汲於彰顯，優復降作，而未必存，往吝。

六五，形取攸往，利涉大川。
象曰：其始存，後以形取攸往，利涉大川。
九四，涵塑艱攸，凶。
象曰：艱攸而捨，必受棄矣，凶。
九三，豐合始塑，貞固。
象曰：其所存，汲於潛伏，以可悠遠，貞固。
六二，昱晃數取，未亨臻及，不得。
象曰：其未有晉綱，故不得也。
初九，始悠設遠，艱貞，利涉大川。
象曰：其以悠遠復降，艱貞，以設遠，利涉大川。

陰辨：◎始悠，影易六十四卦之一，原始的悠存。一層次的自我意識，倚自擇與慣性聯次而演變，情境潛伏而漸次彰顯，那麼其自擇與慣性演變層，而生的後衍型態，必然可以由原始態勢的本身來保存。◎倚同義卦，始悠之塑造，一型態功能，可以用時間累積原力而出現，也可以由空間的原力汲取來代替，可以展現相同的型態功能。只是時間功能，與空間功能之間的替換，涉於複雜的自擇與慣性，於維妨變阻的突破。

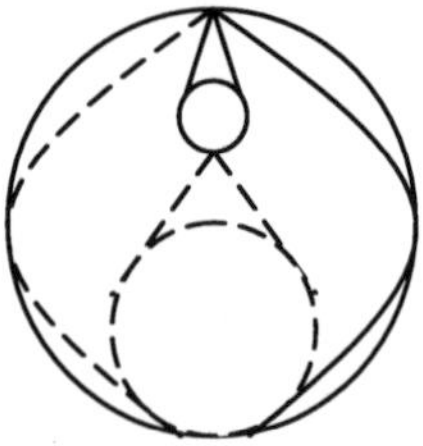

陽識：◎到達一種文明程度，某些區域的文明比較快速，某些比較緩慢。實際上在情境時空等價觀之下，只是某些文明用較多的空間原力，聯次塑造，而較爲快速。某些區域的文化，偏導於時間的累積，聯次而成，較爲緩慢。倘若因此，汲取於空間原力的文化因快速發展，而有強勢，壓制了其他緩慢發展的文化，則該強勢的文化，必然不能悠遠於情境的潛伏，而成不和諧於自然之狀。變易體始悠之塑造，仍循等價法則，享於事態演變。◎多細胞體型態之變，保存於最原始的物質型態來源，而非後態衍伸，憑於此易矣。然而時義之降，「昱晃」數變。以原始保存而求新設之機，卻不能先從原始之制著手，而必先由聯次，無窮降生爲起，變易體大機「沛圖涵塑」，圍繞情境型態萬端，其義深矣。

短漸卦

短漸。情淺悠固，利大功，悠遠所本。

彖曰：短漸，深攸所易而情有淺弱，實之大固，故爲悠遠之所本。

象曰：上豐下鼎，短漸。智者以遠圖固取。

上六，等價深往，蓄以大顯。

象曰：其深往於易而淺於情，故蓄大顯。

六八，短漸廣攸。

象曰：同衡皆取，一上形，而長短廣攸。

九七，時序寄列，往吝。

象曰：時序寄列，其有強弱先後所迷，取不得，往吝。

九六，短漸不濟，不利攸往。

象曰：雖強而終不復塑，不利攸往。

六五，短漸之艱，無咎。

象曰：取象深易，雖動顯，難越其治，無咎。

九四，短漸涉棄，貞凶。

象曰：其棄終有大失，強涉，貞凶。

九三，豐衍之情，毋恤。

象曰：短見之機，中有豐衍寰宇，毋恤所迷。

九二，鼎固，悠遠本據。

象曰：短漸之亨，鼎固矣，悠遠本據。
初六，短漸股構，利艱貞。
象曰：其雖始困，本據有固，智以攸圖，終可克復，利艱貞。

陰辨：◎短漸，影易六十四卦之一，降冪下，情境傳遞短質之固。越深入變易體的穩固法則，在情境體中，顯現越短。即無論時間或是空間，或是兩者同作辨識，其變化越短暫的流程，越穩固而難以扭曲。

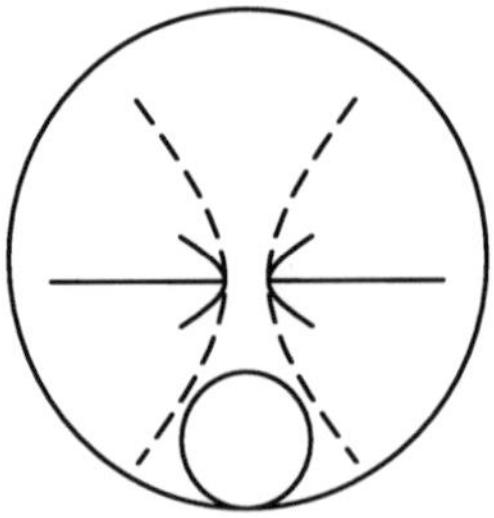

陽識：◎倚昱晃卦，數與型之間的轉換，多數以明顯的意義去探索，然而卻越容易產生偏差。並非其思慮不周，而是取象者，陷於質鋒之顯現，多用偏曲之量，而並未深入長短同較，質鋒同衡，所產生的法則遺漏之故。◎短暫情境的變化，傳功卻變形，最顯得微弱，最難以被掌握，卻最能具備悠遠，而穩固的情境條件。時序之制，先後優劣，其義大矣。

增笈卦

增笈。均等之突，本無所等，引以新增，利攸往。

彖曰：增笈，啓已非常，而重慎因存，其增笈而隱蓄，終可闔數付型，利艱貞。

象曰：上豐下大有，增笈。智者以闔數映型。

上六，擾情塑知，無咎。

象曰：有期，無咎。

六八，突逆，中不利往。

象曰：增笈行突逆，中塑有顯，不利其往矣。

九七，破常，慎恤。

象曰：雖近易，其位未臻，慎恤。

九六，增笈廣型，吉。

象曰：不鄙棄，皆以引存，終可設用，吉。

六五，增笈之攸，大利悠遠。

象曰：增笈之攸，型數互隨，而可設也，故大利悠遠。

九四，豐象以兼，利涉大川。

象曰：其博也，不棄鄙，增笈有機，利涉大川。

九三，增笈取衍，無咎。

象曰：入情以返，雖不臻至，亦近易矣。

九二，大有數型，有得。

象曰：大有數型，非常矣，雖艱而過越，剛健有得。

初九，棄型績遠。

象曰：赫門棄型，績遠非常，廣型而不受型，易深遠也。

陰辨：◎增笈，影易六十四卦之一，變易初啓而穿越常態。變易體的運行，並不需要時間與空間，然而辨識的運行，必然忖階以返，需要情境體中，時間與空間的重儀混成，達到架構於可辨識的標準。若辨識求近於變易之塑，無論什麼常態規制，都不能當作經典來服從。

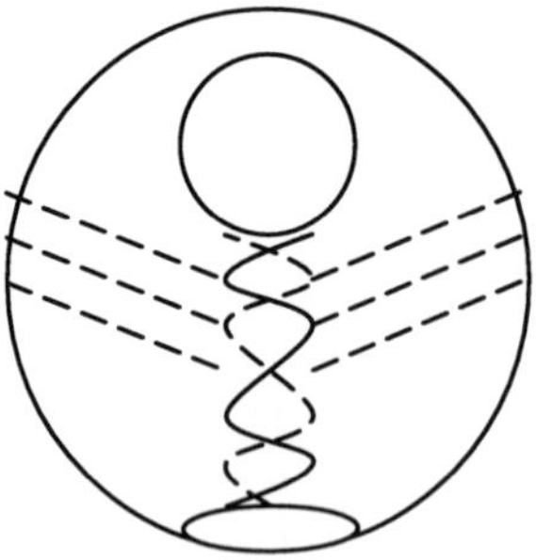

陽識：◎等型遵循慣性下，產生數制變化，或是等數遵循慣性下，產生型制變化。而赫門卦義之棄型，兩者根本都不等價，所以沒有等型等數之制。兩者相銜，從而形制數制之間，並不會有常態的定義性，兩者混成，僅是變易體降作的初始。

基琰卦

基琰。易不恤，而始有錯銜。

彖曰：基琰，原基之始，一而生誤，一其衍，必有銜，位不致新，利貞。

象曰：上恆下觀，基琰。仁者勤恤映易。

上六，無一支琰。

象曰：一必生滅，其錯，有不恤亨。

六八，原基之始，終吝。

象曰：有倚而未臻所基，終吝。

九七，勤恤之映，無咎。

象曰：易雖不恤，以勤恤之映，無咎。

九六，基琰深面。

象曰：所構不銜，辨行深面，而旭新也。

九五，原衍之塑，利艱貞。

象曰：雖有錯歧，以塑繁中，利艱貞。
六四，歧取始，不利新變。
象曰：歧取始，分錯矣，易未合也，雖新變，不可久。
六三，恆歧溺，易不恤。
象曰：基琰之象，其久矣，恆歧之溺，易不恤新也。
六二，基琰強新，終吝，征凶。
象曰：強新未有真基，不可合也，終吝，征凶。
初六，繁中過往，有得。
象曰：過往之與，順其取始，曲而生亨，有得。

陰辨：◎基琰，影易六十四卦之一，原基取象與原衍取象的銜接。坤降無一，原始基礎的取象，由以「一」而產生。因此必然湮滅於變易無窮中，必然擾儀而生矛盾。由其架構的後來型態，即原始衍伸的取象，因之必存在銜接的問題，從而可以產生『分歧取始』。

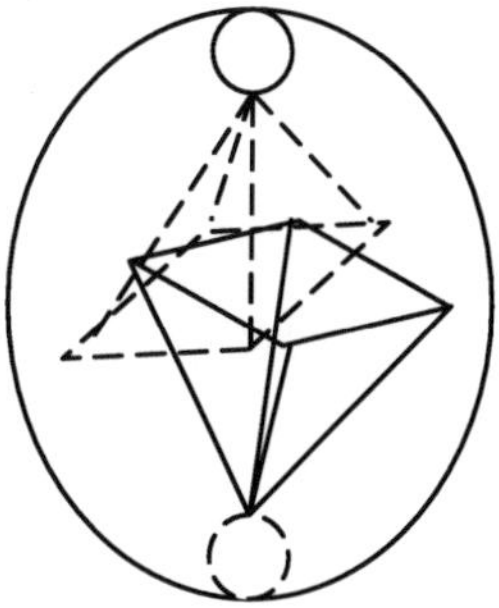

陽識：◎必有斷層與相互之不符，才有銜接的矛盾，而會因此在一個物質架構中，出現千變萬化可能，聯次、擾儀，相互發生銜接的變動，體系不會只按原始標準和諧運行。而會劃分出原基取象，與原衍取象的變動。◎相互的分歧，在於降冪連貫下，架構存在的不同原始階段之自擇體相錯，從而慣性隨之產生矛盾。◎生命型態的後態，因此可以有不同的方式，去銜接原始基形，不會被變易所寵恤。演化中，生物因此有新型態，也不見得能長久生存。◎已建立的生命物質慣性，與自擇的聯次，與生命架構的意識慣性，及其自擇的聯次，在生存演變中，有相互銜接的問題。從而當中會有與其他個體，甚至與自身，相互矛盾。

-·- -·- — — — -·- -·- -·- — 團絡卦

團絡。擾儀之絡，聯次團聚，以大儀上智，利涉大川。

彖曰：團絡，所擇取象，適引同性，其應引眾所隨，可代取於整也。

象曰：上恆下益，團絡。智者以大儀過越。

上六，大儀齊型。

象曰：大儀齊型，無恤多寡。

六八，團絡等擇。

象曰：團絡相銜，僅以等擇。

九七，擾儀銜絡。

象曰：擾儀銜絡，擇之辨阻。

九六，分次序絡，不利貞。

象曰：其自取而非固也，不利貞。

九五，其不必然，利艱貞。

象曰：越自然，過所取象，利艱貞。

六四，宏絡概分，無咎。

象曰：其艱而不得全，概分無咎。

六三，恆大儀，元吉。

象曰：上智倚等，其用大儀，元吉。

六二，益辨尚學，貞固。

象曰：益辨，其志未變也。

初九，團絡惑制。

象曰：團絡混元，惑制牽係，涉未成矣。

陰辨：◎團絡，影易六十四卦之一，混亂當中的建制區分。辨識一團混亂，內部一大堆建制，必定先區分兩儀銜接，自擇要連貫眾多既存，的物態慣性之自擇的次行，才會產生運行整體的能力。不然即使有一個可能的標的，其原始因素也不會配合。而眾多的慣性，僅可能只與一種過越格局的自擇態勢，相等而已。

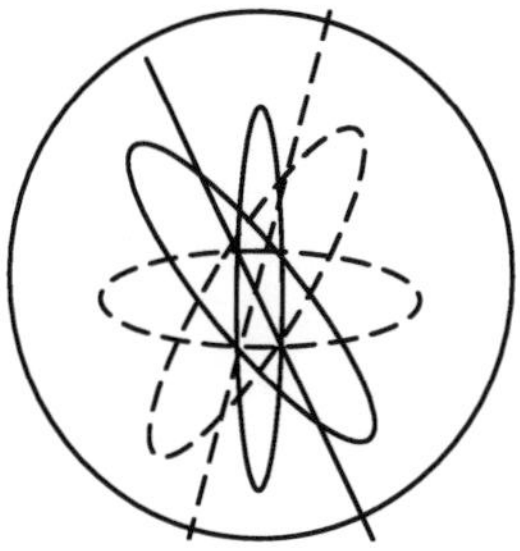

陽識：◎一片無一的虛假建制中，各自定義的真實，都會相互矛盾，包括同一個體，在不同時間的定義。團絡的本據，是無法用現有的意識，去區分所有的兩儀銜接。只可以得到部分的自擇聯通，而有元亨，卻不能啓動一切型態的共同亨通。次易區切，求過越自然狀態，而近易耳。

騰曲卦

騰曲。積曲之失，可以塑直。

彖曰：騰曲，假可自設而成，然實不與，其騰以曲直，始綱而攸義，等價高因，以爲他曲，而已亦爲曲矣，不利攸往。

象曰：上恆下渙，騰曲。智者以躍辨所實。

上六，高因不辨，吝。

象曰：等價上影，高因不辨，吝道矣。

六八，高騰之艱，利涉大川。

象曰：其不溺慣，騰過通曲，雖艱，利涉大川。

九七，騰曲大塑，有得。

象曰：騰曲之直，大塑而易則可亨，故有得。

九六，易遠之失。

象曰：積曲而易遠，必失據矣。

九五，積曲失所，不利攸往。

象曰：引爲曲而互曲矣，易遠而失據，不利攸往。
六四，慣衰，中不尤。
象曰：以失所而所慣之衰，可複擇，中不尤矣。
六三，恆曲中厄。
象曰：其失所矣，中厄。
九二，騰以近易，亨。
象曰：其騰直，以易近易，亨。
初六，渙幻虛象，往吝。
象曰：其渙虛象，所幻而實不與，往吝。

陰辨：◎騰曲，影易六十四卦之一，騰越曲變，廓清可設之遠徑。若本身的自擇是直，則其他的自擇與慣性，必然引言爲曲。而在等價高因之下，其他的自擇狀態，也將己身的自擇，引爲曲。兩相運行，自擇型態，不能得到真正高冪之大直，必然遺漏，可藉倚達成目標的變易本據。乃至於所映的慣性，也因而衰變。

陽識：◎倚變卦，在自身慣性的環境中，變易先據的等價性，已然離棄。從而在曲度中自作，遺失可以得到的變化意義，而未必自知。◎若變易本據無一，那麼我們任何的自擇想像空間，都可以在『現實』當中建立起來，然本身的存在，是經歷長久演化所塑造的，所映存的各種慣性，必阻擾其取變易高冪之大直，自限而不能體。騰曲之辨，有層層疊疊的原始因素曲擾。故始悠之綱爲義大矣。騰曲之直，爲型態極限之極，處屬著精神核心。

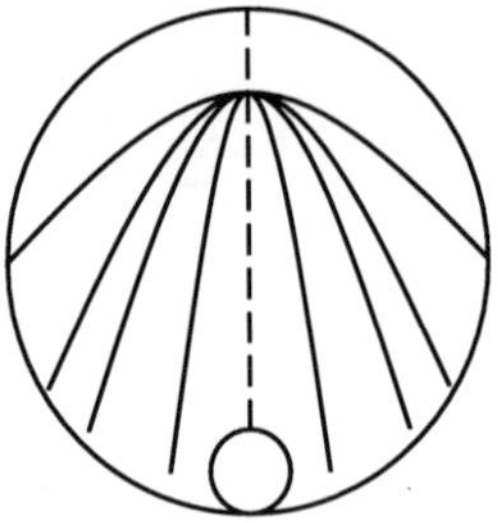

-:- -:- — — — -:- -:- — — **妁柵卦**

妁柵。存未大放，必在禁中，貞固。

彖曰：妁柵，易不恤忖，知不常，倚亨而與，妁可成姤，存禁中矣，內不涉外，外不復取，終有吝。

象曰：上恆下中孚，妁柵。智者以禁變亨。

上六，映禁中。

象曰：存妁亨而見映禁中。

六八，映柵之溺。

象曰：柵阻所存，映而見溺矣。

九七，不放知。

象曰：不放知，易不恤矣，故智有極也。

九六，倚構姤，禁中便行。

象曰：禁中之知，妁其行也。

九五，妁柵鑑貞，用固。

象曰：鑑貞而具也，用固上制。

六四，妁柵容取。

象曰：雖存禁中，亦必容其取。

六三，中孚與存，元亨。

象曰：中孚與存，知可辨也，元亨。

九二，恆妁，貞固。

象曰：恆妁入制，必與，貞固。

初九，弧築妁存。

象曰：其妁存，成所亨通。

陰辨：◎妁柵，影易六十四卦之一，禁制之中，兼容多變象。聯通相妁，必在一定的禁制之下形成。故次易之亨，必有妁柵之禁。◎兩儀相映，多維通制一切的取象方式，即使是最簡單的觀念：相通。也必然映出相反的存在。

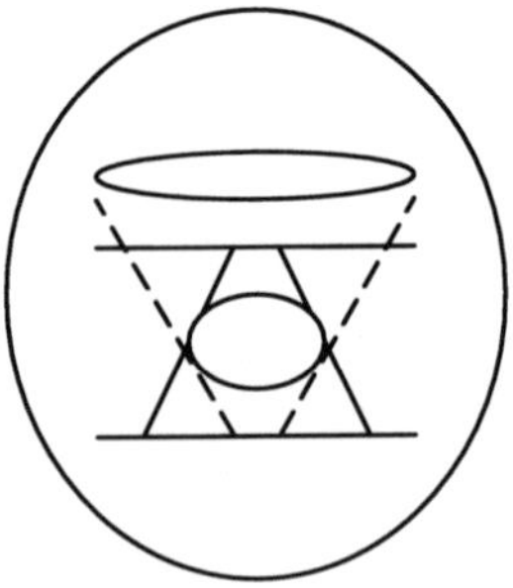

陽識：◎倚弧築卦，變易沒有一定要讓智能存在的道理，乃至於知識儲存亦然，其必有易降爲基，有倚亨通而成。任何知識的儲存方式，即使高過於現有儲存的方式，也無法擺脫，動態與靜態的相映。故在變易體而言，智能根本沒有隱私與知識。◎一切的禁制，必然兼容等層次的多變象，不然禁制的本身，存在的基礎越鬆弛。在變易之中，禁制所相映的相反態勢，在情境潛伏下，將越容易被自身原始的態勢運作，而映逍遙之狀。

-:- -:- — — — -:- — -:- -:- 稀漓卦

稀漓。慣稀其役擇，不利攸往。

彖曰：稀漓，先與不恤，擇不利往，征不速預存，易不與攸也，終吝。

象曰：上恆下漸，稀漓。智者以射泰復往。

上六，役擇隨制。

象曰：慣性役擇，隨制封變也。

六八，恆太等復。

象曰：易以恆太，等復而不予也。

九七，稀漓不予。

象曰：上雖容，亦不預設，稀漓不予。

九六，稀漓區擇。

象曰：區擇而有他行，我擇難予。

九五，稀漓曲回，深吝。

象曰：曲回而復見其啓，見己諷，深吝。

六四，漓逆曲擇，征凶。

象曰：曲擇變志，不所與矣，征凶。

九三，通適與存，不利悠遠。

象曰：隨眾通適，等價逆復，不利悠遠。

六二，漸越，亨。

象曰：漸越而容其塑，亨。

初六，稀漓放立，利貞。

象曰：放立而可擇，利攸往，利貞。

陰辨：◎稀漓，影易六十四卦之一，慣性稀釋。任何一種新的自擇動健，去架構存在的可能時，都會在團絡的眾多慣性牽扯當中，逐漸銷損其架構之能，等價在情境潛伏中，剋制一切的有機擴張，即使自擇跳脫格局之外，那也只能與，格局內的團絡狀態，整體等價運行。

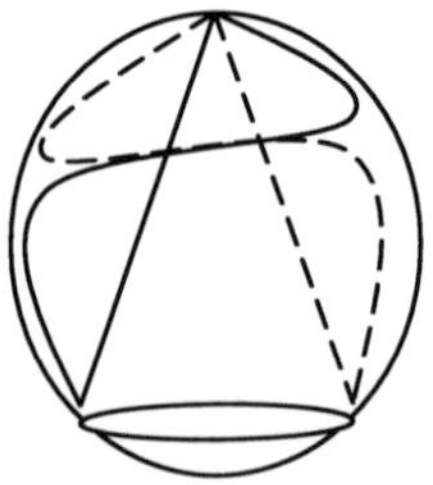

陽識：◎變易本無排斥，意識『想要』得到的情境，然而任何再機巧的自擇，最後都得接受『通適存在』，不能塑造一切想要之狀。變易在等價之中，相映慣性，而稀釋一切極限的自擇可能，即使在所有慣性形成之前，也就是情境體潛伏中『最早的』自擇運行，仍然具備這種變易態勢。時間對變易而言，只是降作延伸，不可能因時間點不同，改變變易的結構。故變易稀漓時空，夬合存在。

⚋⚋⚊⚊⚊⚋⚊⚋⚊ 湍和卦

湍和。法則情取，所遺辨置。

彖曰：湍和，物型支遺，似不規，實淺離之浮，和與差遺，終不濟取。

象曰：上恆下家人，湍和。智者以物型支衍而究易。

上六，彈則複規。

象曰：一其則，引無據，複規遠取矣。

六八，以遺候亨，元吉。

象曰：湍則之遺，同隨所和，以遺而後亨，大取象也，元吉。

九七，四則同和，利數制。

象曰：則和必遺，四則同和，故利數制。

九六，湍和減遺。

象曰：則和必隨減遺，中迷。
九五，支衍誤和，終厄。
象曰：誤和其變，不可久也。
六四，恆和，利悠遠。
象曰：雖有天缺，複則近易也，恆和而久也，利悠遠。
九三，湍和大循。
象曰：湍和複則，所循降列，其可久遠。
六二，家人支衍，利貞。
象曰：家人支衍，有其氣屬，其有同一也，利貞。
初九，湍和寡循，終吝。
象曰：寡循之渺，易予置迷，終吝。

陰辨：◎湍和，影易六十四卦之一，巽卦遺漏象啓因，無一大體下，法則的複合狀態。辨識中，以法則衡代變易，然而也是由『一』複合而成的歸納者，不能全然和與變易體。故情境體只要存在，就必然有遺漏。一情境體系，遺漏的法則越多，則顯現越複雜而多變，不能穩固其情境，然這種不能穩固之態，卻等價顯現於其他較爲穩固之情境，爲微觀之晦完。反之則越接近於變易的運行大體。湍和之和，同蓄減遺，故穩固的情境體可以延伸，較不穩定的分支情境。故曰：「湍和滅遺」。

陽識：◎法則之和必隨滅遺，天體秩序，似乎比渺小的生物秩序，包括人爲的一切，還要穩定簡單地多。這僅是我們對法則，湍和滅遺，並不是星體遵守法則，而渺小的人爲，可以跳脫法則任性而爲。相反地，是渺小的人爲，遺漏法則之行越深，越取偏鋒，這種「一」的存在也越不穩定，所能佔有的時間或空間，越渺小。◎變易體無一之涵，即不以一制序成，兼容遺漏與離散，而越離散者情境體據存越弱，即越卑小，越不穩定。法則之集，如同湍流，跳躍卑小的水滴，越有複雜型態，而整體取象，似乎越遵守一定秩序。實際上的變易體臨近者，卻是越穩固者續含越大。弧築、湍和皆爲遺漏之辨置矣。

-:- -:- — — — -:- — — -:- **蹈弛卦**

蹈弛。偏運，大遺，存之大義。

彖曰：蹈弛，蹈踐之慣，偏行所以，存有則而弛之，羃不返也，終吝。

象曰：上恆下巽，蹈弛。智者以返羃存則。

上六，降弛大體。

象曰：降弛大體，易行之，非實廢也。

六八，蹈弛捲沒，無所容。

象曰：蹈弛捲沒，失存維，亦失恤矣。

九七，偏顯，及悃，厄。

象曰：偏顯而不制，及悃，吝道矣，必厄。

九六，蹈弛制恆，元亨。

象曰：制恆，蹈有所返，元亨。

九五，恆失，不利攸往，終凶。

象曰：久慣而習弛，遇變無可攸往，終凶。

六四，弛行後衍，無咎。

象曰：雖失其亨，後衍亦降，得無咎。

九三，巽弛，遺不吝。

象曰：巽弛，存所必則，其遺不吝。

九二，蹈弛之牧，終不得。

象曰：蹈弛之牧，求以證，雖小顯，終不得。

初六，引蹈弛，有得，大利攸往。

象曰：其取上存，必有得也，大證而亨，故利攸往。

陰辨：◎蹈弛，慣性遺漏原制象。慣性即常習之運行，必定遺漏，支持其存在體系的自擇，而失均衡規制。是故任何的蹈踐運行之性，必定鬆弛原有規制的均衡顯現。◎蹈弛之廢，破壞原降冪之存，是自弛原制，漸趨偏頗的存在態勢。

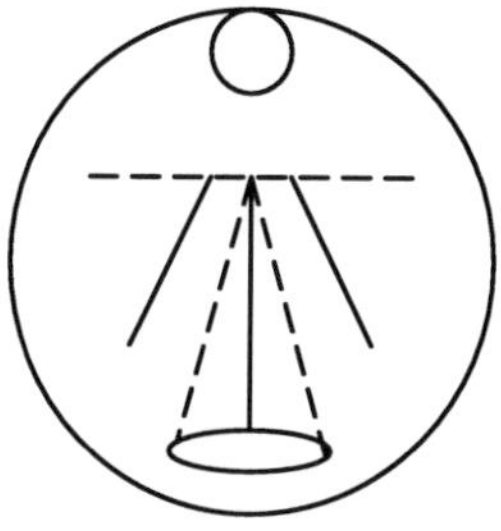

陽識：◎常用漢字，而失去對漢字起源，與演變的思想體會，延續使用文字的智能，或去亂簡亂改。仍舊失去組件文字，與想像實義的通慧。兩者本爲一體，隨者文字的慣用，廢弛了原先智能體的某些功能路徑。即入於具體慣性，喪失思維自擇。◎不僅於人的文化習性，生物的化學組成慣性，乃至於物理的對稱性，亦然蹈弛其象，而有顯現象的不稱偏頗，逐漸爲聯次所構，之原始架構所制。反之，當一客觀體出現不對稱狀態，即可以此不稱，擬制在變易體降羃連羃中，所上羃的狀態。

⚋⚋⚊⚊⚊⚋⚋⚋ 羃屈卦

羃屈。降作大羃，容亨反屈。

彖曰：羃屈，更始之辨，下本不容而始因演曲，其和而大致，升觀有屈也。

象曰：上大壯下否，羃屈。智者以大曲演化。

上六，高羃之便。

象曰：倚其不恤，元通大恤，可曲矣。

六八，更始一化，元亨。

象曰：更始廣維，後曲一化，元亨。

九七，合可倒置。

象曰：更始後演以合，曲而大衍所情。

九六，羃屈同視，貞固。

象曰：高位而同視後衍，不恤其階，故貞固。

九五，羃屈誤識，往吝。

象曰：羃屈而更始有隱，行處誤識，往吝。

九四，大壯所形，利攸往。

象曰：大壯所形，羃屈維嚮，乾綱高作也，利攸往。

六三，更始曲辨，貞吉。

象曰：曲辨，後態新徑，和所型，貞吉。

六二，元阼御徑。

象曰：元阼御徑，其中貞也。

初六，否變，厄。

象曰：後存之觀，羃屈而顯其變，否衝不亨也，厄。

陰辨：◎羃屈，更始曲和，諸層析後態。倚元阼卦，在諸多累積的原始因素層析下，取象某動健範圍中，相對最原始的因素，將曲和後態原始因素的比較級。

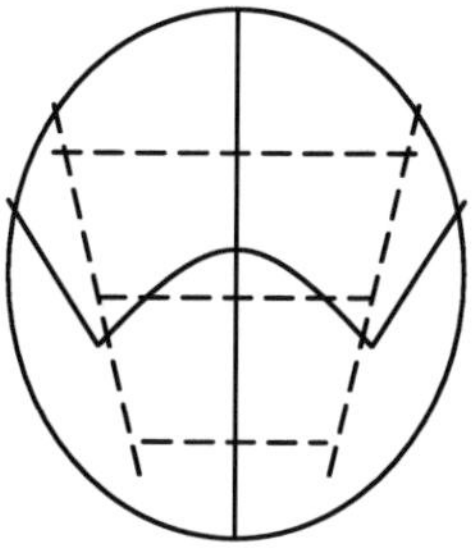

陽識：◎倚乾卦，更始的因子，於情境體中，是聯次更深遠的潛伏意義。具備更高維體而一視曲制，即其具備更多的形態演變方向，後演的各階層因素。即便後演因素之間有所矛盾，對其來說也是曲奏一和者。故更始因子在降冪大體下，屈變其後態的存在。

-:- -:- — — — — — -:- -:- 輯棄卦

輯棄。輯有序，以情境，終有吝。

彖曰：輯棄，自情於輯，可爲真適，然遠易失本，是棄辨而得輯。制輯有上，則物態之辨設，可大構矣。

象曰：上大壯下遯，輯棄。智者以不適反取大繼。

上六，行有亨輯。

象曰：大易已降，其行必有亨輯。

六八，失等價，我否，無咎。

象曰：失等價，適情因棄，我否可返，無咎。

九七，先原之遯，不利貞。

象曰：喻型而陷其行，先原遯矣，不利貞。

九六，樣輯，小以亨。

象曰：樣輯，其所小用，亨。

九五，制輯大壯，利涉大川。
象曰：由末而救本也，其得大設，利涉大川。
九四，刻輯，往吝，厄。
象曰：刻輯，固識不化矣，始亨，終往吝，厄。
九三，裡輯棄。
象曰：輯棄之辨，易合不易也。
六二，取辨正適，有得。
象曰：取辨，得易觀，重而正其所適，有得。
初六，因返大設，待演，貞吉。
象曰：以不適而漸返其棄，大設而繼，待所演，貞吉。

陰辨：◎輯棄，若存在取擇所數，則自棄牿原所易。當接受了數的規律，那麼意識運行，就會捨棄等價的觀念。◎稱之為棄，實際上是自我遠離，意識自受降冪而銜接虛逝的情境概念，故曰輯棄。

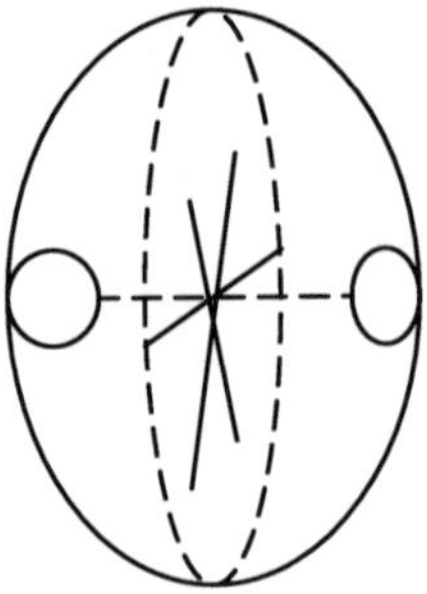

陽識：◎因數而自入於情境所擾，那麼本有的變易之機，是自我隔絕之，也就是取得了一種，成熟且完整的，應付現實之能力，則必捨棄，存在就給予的所有原力。當完全都沒有數的觀念，包含大小、利害、多寡等，那將會產生絕對等價。即一個粒子情境狀態，也等價於整個宇宙粒子總和的情境狀態。◎在虢原的無窮情境規律中，棄之所有，以成一個穩定的適性方式。是故情境起伏之存在，在易體輯棄之化。

協軌卦

協軌。凝識且軌，未固型，不利攸往。

彖曰：協軌，混體一行，協而無分，引環上型，而現行歧鑑，利艱貞。

象曰：上大壯下同人，協軌。智者以異則現行。

上六，規等度，貞固。

象曰：既有過往，後規等度，貞固。
六八，虛逝噬爭，不利攸往。
象曰：虛逝亦擇，其必噬爭，不利攸往。
九七，協軌褫奪。
象曰：協軌褫奪，時行另擇也。
九六，協軌傾續，慎所攸往。
象曰：其易制而不可脫也，慎所攸往。
九五，異則大壯，貞吉。
象曰：引體而擇，異則有途，大壯，貞吉。
九四，協軌進序，無咎。
象曰：因運現實，智有大成，雖未必立，無咎。
九三，易譯，位不制。
象曰：雖欲維新，協軌其引，易譯而未達，雖有位而不可制。
六二，同人凝識，利悠遠。
象曰：其起新式，而後新制，利悠遠。
初九，廣傾合噬，大得，吉。
象曰：廣傾其資，譯其噬爭，而合噬，大鑑大得，吉。

陰辨：◎協軌，過去與未來混體運行觀，不只是過去的狀態會影響現在，未來的狀態也同時協軌運行，一仰一息，形成現在的情境彰顯之勢。◎對現在來說，未來的情況，是在一定的變易分度內，所有的虛逝情境都可以通行。未來的虛逝狀態，相互排擠，產生一個勝出者來取代，以協軌於過去成因。但是這個勝出者，卻不見得是取象者，所想要的。故曰：「協軌褫奪」。

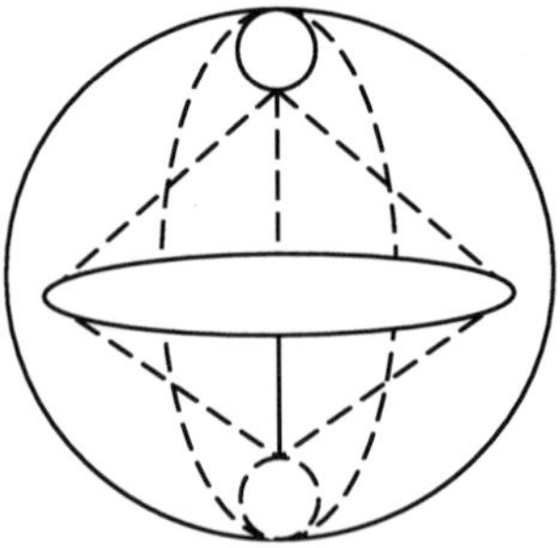

陽識：◎假設宇宙確實有虛無與無窮，以一陰一陽，那麼任何一件情境態勢的產生，必已經存在而沒有定向軌跡，入於形成，則必所協軌而成，即過去與未來在變易來說，是同存不分之體，而我們所感知的現在，只是變易協軌之度，降而生形。◎那麼對於現在的運作意義，就不只有我們常故通用之式：「即因倚過去之定數，冀求未來之變數」。而尚有其他「現在觀」的通式，去形成不同的時間感觸。

䷀輪致卦

輪致。因帶複合，相流果義，莫可得。

彖曰：輪致，因帶輪複，虛有其果，相對形漸，實其識流矣。

象曰：上大壯下姤，輪致。學者以廣鑑其律。

上六，輪極識流。

象曰：輪極識流，非存因名也。

六八，遠近合姤，識一貞固。

象曰：遠近合姤，合而致現也，識一貞固矣。

九七，含果現域，勢動。

象曰：果義必域於現顯，其勢動矣。

九六，大壯行乾含遠，必同致。

象曰：遠因原始，大壯行乾而含之，故必同致。

九五，識流不果，往吝。

象曰：識流暨現，以爲其果而實不果矣，往吝。

九四，果識定限，無咎。

象曰：果識，雖限而亦善用，無咎。

九三，廣合同致，貞固。

象曰：廣合同致，虛帶不枉，貞固。

九二，果名，吝。

象曰：迷其果名，遠真矣，不識輪致，行必吝矣。

初六，浮遠息，亨。

象曰：遠息間浮，應據廣合也，亨。

陰辨：◎輪致，對常用的經驗意識，因果律的遠近輪帶特徵。一個結果的產生，其遠因與近因，必定是相間息而同致。對動態式的「現在」來說，也就是產生「果」的定義之域，遠因近因是同時，且複合而作，才有動態的現在與動態的「果」。如同輪帶複合，行於一個流動線。◎倚遠息，情境潛伏而遠程的「果」，也干擾著現在的「因」，故因果之間可以是對等相映，倒辨而成。然被定義的「因」，也是複合的。假若今天存在一種情境，主動設定了遠程的目標，同時聯通極過去的遠因，那麼近因所產生的「果」，就會完全不同。

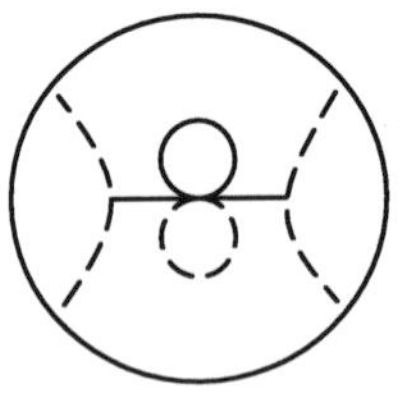

陽識：◎對簡單的經驗觀念中，有遠因，也有近因。然而都會同時對動態的「現在」，發生影響。◎如今的學術界，累積從古至今的經驗，不可謂不多，努力於其中的人，不可謂不智，而總體投入的資源也不可謂少。然而仍然無法現有很多重要的事情，做出準確預測。即使是在最有常習規律的氣象學，最優秀的氣象學家，也最多預測，幾週之內的天氣狀態。

䷡ 輪間卦

輪間。合致間，型實時，固。

彖曰：輪間，實態遠近合致，成輪間同顯，智入循而求極，慧至之大通也。

象曰：上大壯下乾，輪間。學者以循析構義。

上六，輪致之亨。

象曰：輪致之亨，各有所循矣。

六八，間型共逮，貞固。

象曰：實情間型，輪共逮也，貞固。

九七，大輪正慧，不致，往吝。

象曰：雖正慧，識不即，其所不致矣，往吝。

九六，規輪間，無咎。

象曰：規輪間，用型進益，可近易也。
九五，時慧大壯，貞吉。
象曰：輪間之極作，所存時慧，大壯哉，貞吉。
九四，退小輪，固志，利艱貞。
象曰：退小輪，得識大體也，可以固志矣。
九三，失輪據，倫不義，凶。
象曰：不之其循，其倫不義，雖盛速衰，凶。
九二，陷小輪，不悔，終厄。
象曰：陷小輪，大位而適淺，其迷不悔，終厄。
初九，高輪形上，演之，大得慧。
象曰：其間之樞也，演而亨，故大得慧也。

陰辨：◎輪間，現實複雜情境，可解爲無限多密集大小循環，所雜合而成。如同無窮多個大小齒輪運轉，現實情境，只是齒輪上的間帶。◎金字塔越上層主導越大的循環，越大的情境循環尺度，越接近長遠變化的主軸，然而卻越容易被智能所忽略。◎實際上基層且小的循環，是依附在大循環當中運行的，而在短暫的智能生命當中，接受小循環產生的意義，對大循環只有片段不解，此種因果律的相套形勢，就容易被忽略，而實際上自己受大循環的影響最根本。

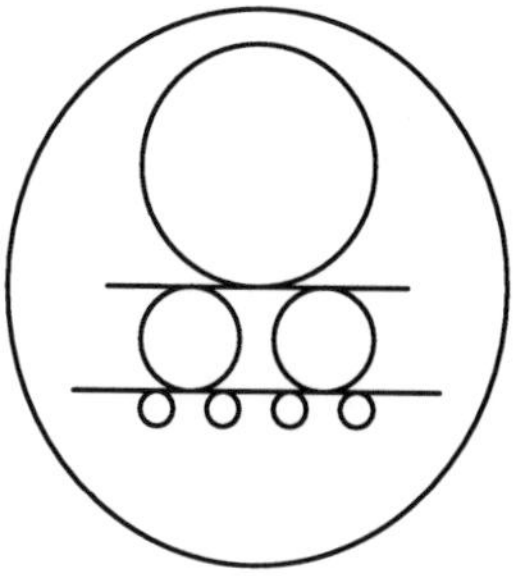

陽識：◎此古埃及與馬雅哲學，的華夏視角演繹。金字塔最高層的形上大循環，在思想形式中，倚因果相套的輪間帶概念，從基礎的小循環型態起步，逐步體會所存時義的大循環型態。◎常著於短近小循環之計較，而遺失高階大循環之終制，則智能層級，只於低階運行；智能層次之提昇，行宇宙時義之慧，在輪間相套之易，輪間之時義大哉。

元咋卦

元咋。大元降攸，乾元渠維，情境合綱，元亨利貞。

彖曰：元咋，坤倚大衰，濟次乾，相對形與，時以其化而不恤所時，維綱俱鑑也，甚之與運，利涉大川。

象曰：上比下坤，元咋。易御乾元以維綱

上六，坤制乾。
象曰：制而衰體，以降大倚。
九八，旭乾，元浮移。
象曰：大動型旭，乾紀也，元以浮移。
六七，副元無序。
象曰：大關渠動，副元無序，有以阼位。
六六，聯次塑綱，傾維。
象曰：聯次因攸而塑綱，傾維而乾綱渠行。
六五，元阼時階，貞固。
象曰：元阼時階，己態也，易動而據以原始，貞固。
六四，比不恤時，亨。
象曰：其化情境，因比，故不恤時，亨。
六三，隱始因，大有恤攸。
象曰：雖隱，實不棄滅也，大有恤攸。
六二，素阼，大利攸往。
象曰：素阼，綱有趨而未及顯，引取原力，大利攸往。
初六，怠阼，大吝，終凶。

象曰：因存而取怠，墮靡欲也，故大吝，終凶。

陰辨：◎元阼，組成乾綱之相映因子。乾綱的本元是動態體，本無綱維，然自擇慣性，之聯次相映之塑，因情境潛伏的推移因果，以其衍伸，前一個因素與後一個因素，相對作用，而產生下一個因素。然後可以再交互作用下去，形成更多的關聯體，以成乾綱具體大運之機。然而某些因素又會停滯作用而保留，維持一定程度的交互關聯，一定的動健運行，成情境的彰顯。故曰：「元阼因攸」。

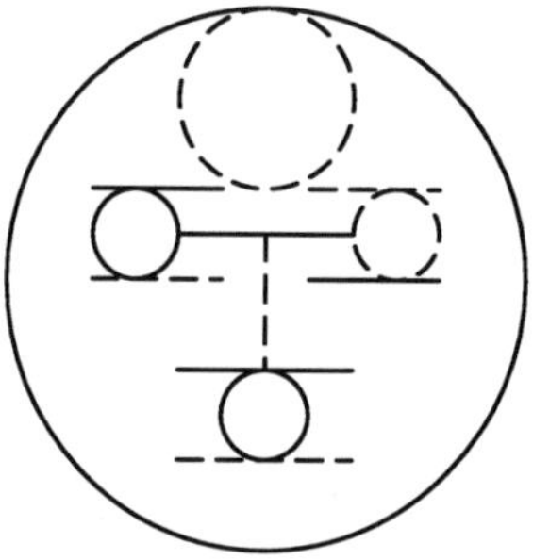

陽識：◎倘若人性與某時期的制度，形成一種特殊文化，就產生了乾綱之相對因子，在下一個時期的歷史中，就是一個相對形成的隱藏乾綱因子。而可能在某種狀況下，激發出對此時期更強的對『聯次』控制力，只是型態會與以往不同，而運行方式一致。如同水流趨向，以有原始而後制的時階趨向。◎若乾綱因子的關聯，倚某種更高冪的的變化下，使交互關聯的密切程度，增勝或是減束，則情境的彰顯，必然擴大而更加複雜化或減低縮曲，使得原有空間狀態，會因之擴增或減小。此之於屬著之義大矣。

太極卦

太極。演極之義，時度陰陽而互濟，元亨。

彖曰：太極，一陰一陽謂之道，出於陽之上而包乎陰，古太極之義也。然易體大中，非存陰陽，陰陽所映，識相形矣。或亦入相形之觀，極態之演，陰陽互濟之徑也，而後察義而度，善義者，真明太極之極矣。

象曰：上比下復，太極。智者用極，以義御術。

上六，元靈大中。

象曰：易體元靈，大中無屬。

九八，時體漸闢，元亨。

象曰：漸闢入情，陰陽所以分，元亨。

六七，時義行則，降型。

象曰：行則，入體太極，陰陽形矣。

六六，反倚求濟，貞固。

象曰：大中後降，行太極，必反倚求濟，貞固。
六五，太極義朗，利貞。
象曰：順則互濟而作，太極明矣，利貞。
六四，落義時形，亨。
象曰：落義時形，大演而驅極也，有得，亨
六三，復拙御巧，大得，貞吉。
象曰：復拙御巧，動而用義也，故而貞吉。
六二，巧孤作，往吝。
象曰：無濟固，動而艱不得，往吝。
初九，比智用極，利攸往，慎固。
象曰：比智而可用極，非易之本矣，大義何乎，慎所固。

陰辨：◎太極，變易體兩儀相映之極上的猜度。任何的極限，都中性無濟，本無陰陽之分。然若一體系，被時義化爲至陰之屬者，無法浮上正面，那麼這個體系演變至極緻的動力，就在於相反的體系中，而可倚中性的極限，定義形式。◎至陰至柔的詭道，發展到最極緻，其動力必須來源於，至剛至陽的型態接濟。此極限降義，太極漸闢兩儀之映矣。

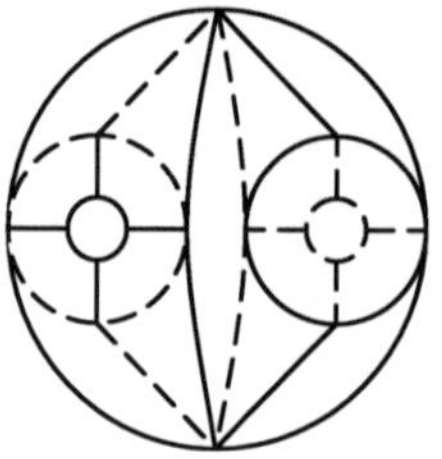

陽識：◎孫子兵法十三篇用間，末句「人主能以上智爲間」，間諜時義下，爲最陰柔之兵法，其演變爲極緻的動力，卻在最陽剛上智，可昭之大義，運用至剛至拙爲根本，才能激化至陰至巧。◎觀歷代中外用間之戰史，凡或間者或細作，其體系極陰巧善用者，皆必倚陽拙無用之思想，爲其演變與驅策之動力。財貨利益，不過是潤滑善驅，去除阻力之固而已。似乎可以收買其意志，卻不能激化該意志，在該時義下，智能極緻之作。◎太極本源並無陰陽，然情境體因複雜時義，形成各種相對意識，則其變化極限的動力，必落於相反情境之屬，此降作兩儀之特性，故曰：「太極降則」。然人之智力，未必能體察此類具體脈絡。故曰能觀陰陽大體本源，時義驅現之分，體察互濟之道，此求近於太極者。

䷀ **寇馭卦**

寇馭。攸格以害，其反必隨，往客。

彖曰：寇馭，兩儀降弦，虛逝同列，以系同象，必有反寇支隨，候其情也。

象曰：上屯下豫，寇馭。智者不限於一，宏體豫設。

上六，兩儀塑降。

象曰：往不可逆，虛沌可維也。

九八，皇籌不即，往吝。

象曰：有一而動健限也，其格必有不至，皇籌不即則寇馭也，往吝。

六七，顯有不馭，艱固。

象曰：取一而必有限，顯有不馭，其有艱矣。

六六，降籌，新不利攸。

象曰：雖有大義，降籌而失始，其作失本，雖新而不利其攸。

六五，顯寇馭，貞凶。

象曰：顯寇馭，失所大籌，起而不能制也。

九四，屯寇候隨，慎恤。

象曰：屯寇候隨，以有待取，慎所恤。

六三，際統寇馭，利涉大川。

象曰：其攸兼可制也，利涉大川。

六二，同佔之整，無咎。

象曰：有兼制之攸，雖寇馭同佔，整矣，無咎。

初六，豫寇返始，凶。

象曰：豫之馭寇，其有不合，凶。

陰辨：◎寇馭，任何理想格局，同兼正反象，諸多虛逝情境體。倚變卦，格局爲先，則演變出來的型態，是由其降冪而成，則動健目標式，可以從其他虛逝狀態來符合，而不見得是格局的設定者所馭。在兩儀連冪互置下，孑然相反的情境，必也可以，同馭一格局的顯現契機。

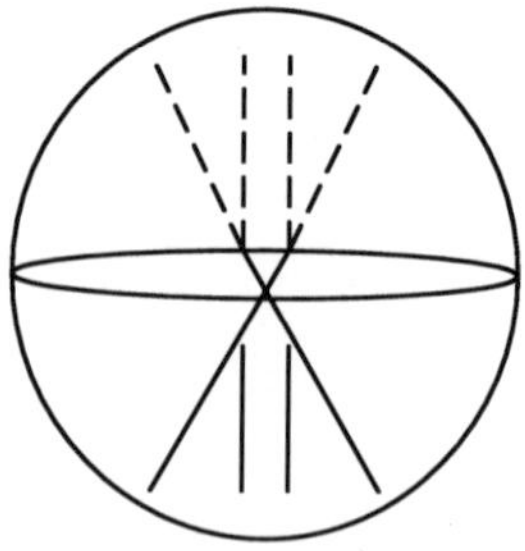

陽識：◎任何的格局設立，真實的「存在」，必不是單層的型態同居一格，可以類同型態群系，及其孑然相反的群系。是故完整的格局設定，必定不是基於單一目標式而設，且

不是固琢於一象而爲。◎倚升岔卦，「有一」升冪則格局趨小，則必有所失。而人類起始選擇，多數是選擇升冪而相反的群系，從而喪失許多虛逝路徑之顯。格局的動向必定趨小，而壽限也因此產生很大限制。此失皇而入寇。降冪下，虛逝路徑，必定皇寇兩系，正反兩情，並列同佔一整體格局。

⚋⚊⚋⚋⚋⚊⚊⚋⚊ 弧築卦

弧築。易無遺，兩儀共軛，情以遺存，貞固。

彖曰：弧築，動存而靜遺，數程返取，弧其共軛於易，築存以攸往。

象曰：上屯下豐，弧築。嚴者以軛存遺。

上九，兩儀以軛，元貞。

象曰：易之先旭，故而元貞。

六八，極動高存，貞固。

象曰：易之高冪，無所取，存而貞固。

九七，終靜之失，元亨。

象曰：其兩儀所映，終靜而元失，元亨。

九六，弧築共軛，不利貞。

象曰：易降存遺，弧築共軛，兩儀倚辨，不利貞。

九五，弧築返徑，往吝。
象曰：其降而沌也，非以乘數，取象返徑，往吝。
六四，軛取制，利艱貞。
象曰：其以元取，以求大存大遺，利艱貞。
六三，軛以巽。
象曰：其以取象，終有遺漏。
九二，屯所取象，溺以遺。
象曰：取象以存，碎動，實不貞存，溺以遺也。
初六，豐遺之存。
象曰：豐遺，守靜少動，近以貞存。

陰辨：◎弧築，影易六十四卦之一，取象中保存與遺失，的相弧銜作之本質。倚泛畛卦，純動態則絕對保存，純靜態則絕對遺失。但是情境體的時空，相互都不是本據純淨者，必然相互參雜，存的程度，則與靜態成正比，即靜態程度越高，保存則穩定，動態越多則遺失越大。而遺失的程度則剛好相反。故曰：「弧築共軛」。

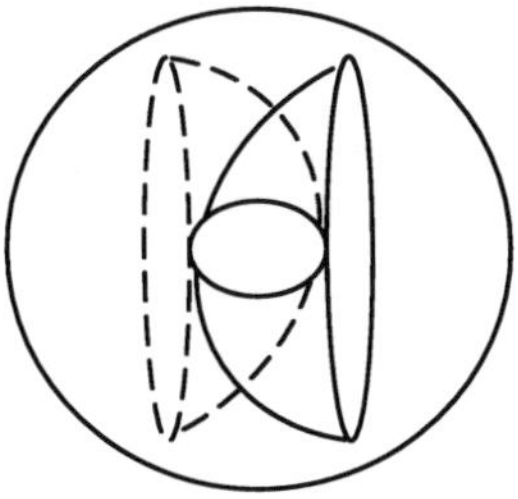

陽識：◎巽卦遺漏象的本質，在變易體中，並不遺漏。而常習的辨識取象中，並無絕對動態與絕對靜態，所以求保存的程度，與真正保存的本質，剛好相反，遺失亦然。故常習取象，追求不到絕對性。故易經，陽卦多陰，陰卦多陽。

-:- — -:- -:- -:- — — — -:- **迴折卦**

迴折。存遺元亨，非以值，往吝。

彖曰：迴折，遺近而求遠，捨情而求易，存有迴折，以利悠遠，利涉大川。

象曰：上屯下恆，迴折。智者以悠遠之擇。

上六，元値折曲。

象曰：元値折曲，易降高維也。

九八，値不損，下失遺。
象曰：其値不損，迴折下便，以有失遺。
六七，迴折遠擇，不得。
象曰：降而未有真脫，故不得也。
六六，弧築引迴。
象曰：其元亨而引迴擇曲，有不恤矣。
六五，迴折大往，利悠遠。
象曰：迴折大往，真存其得，利悠遠。
九四，迴折構我，利涉大川。
象曰：迴折構我，其情高妄，易存之折也，利涉大川。
九三，屯不明，征凶。
象曰：存遺不明，而擇誤矣，征凶。
九二，恆存所易，利艱貞。
象曰：値不損而故恆存所易，以塑辨，利艱貞。
初六，溺保之失，終吝。
象曰：溺於情，保下失上也，終吝。

陰辨：◎迴折，影易六十四卦之一，降冪中，上制的保存與下制的遺失，或上制的遺失與下制的保存，具有較大的連通。◎故在降冪大體，與弧築架構中，各自擇因素，其根本的選擇趨動只在於，要自我的上制保存，還是下制保存。而在迴折之中，形成崩昧卦之存在矛盾。

陽識：◎末節的事情容易架構，變化的主軸難以接近。情境中，自擇取象的物體，保存變易，必然不是一亨之值以通，而必有難以計數之取捨迴折。◎老化是原始細胞，自擇端粒的結果，是以一種迴折而上制動態的組合，遺失部分的「自我」型態，而保存較長久的「自我」變易。

-:- — -:- -:- -:- — — — — **複孢卦**

複孢。孢以複構，同映之辨。

彖曰：複孢，孢隱入情，革新以顯，然易非真新，映於深易，而元亨利貞。

象曰：上屯下大壯，複孢。智者以鑑易辨新。

上六，複構具映。

象曰：繁引複構，以情顯新，實已具映。

九八，元列無窮。

象曰：元列無窮，而複孢大藏。

六七，孢隱澀型，利艱貞。

象曰：其以具，而情未伸，孢隱澀型，利艱貞。

六六，複孢放隨，以革爲常。

象曰：以革爲常，其以悠遠，以革爲常，實未涉也。

六五，未伸仿革，小得，不可大涉。

象曰：似有大新，未伸本易，小得而不可大涉。

九四，映深，貞固。

象曰：複孢映深，革有真具，貞固。

九三，屯不孢入，終厄。

象曰：其非易具，似變而未臻，終厄。

九二，複孢乖銜，元亨。

象曰：混沌顯新，情境乖銜，其複孢易伸，元亨。

初九，大壯深則，利涉大川。

象曰：複孢亨連，義可伸，利涉大川。

陰辨：◎複孢，影易六十四卦之一，取象複製的孢囊概想。任何創新結構，無論是怎樣認爲這是一種創新，在變易體而言，都是複孢重複。◎情境創新的最高藝術，從外在的改變到內在的變化，相映同辨。故易經革卦，君子豹變，小人革面，無論主動之革被動之革，內革外革都是如此。然而對變易體而言，沒有真正的創新與革命。都是原始自擇，與衍伸自擇，最後重合自擇，孢囊與蜷生的延伸。

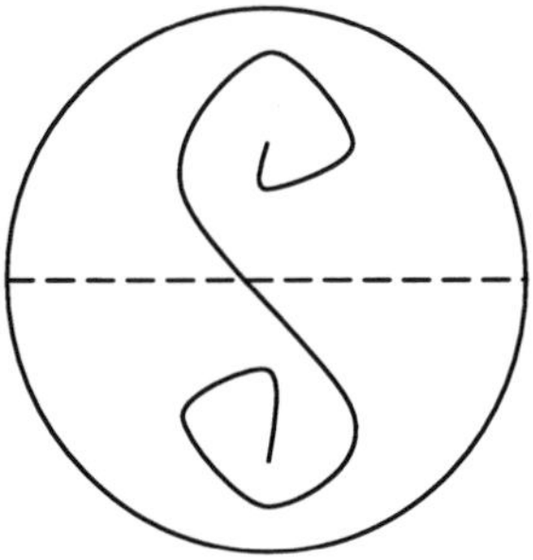

陽識：◎只要還困在「一」的情境架構下，無論從外變到內變，整體怎樣去變，這必然在

過去的情境狀態中，被變易操作過。◎即使人類自以爲文字的創造，是新東西。於變易，只是感知重合自擇，衍伸整體變化。在人類的文字模式，使個體意識相亨通之前，存在生物細胞之間的感知亨通。若再把標準放在細胞感知亨通，則有物質狀態的相互有機變動。情境中的創新，也如同虛沌狀態，取象無窮而無一可依，都是變易複孢的重複體。智能不可能有變易意義的『真實創新』，所以智能，不會無窮地擴散到整個宇宙。

圜朝卦

圜朝。無一取元，易降掐縼，貞固。

彖曰：圜朝，易與貞固，而情不可貞，似同一而非一，圜朝貞元，型辨無窮。

象曰：上坎下比，圜朝。學者以元代一。

上六，元心無。

象曰：元心無，無一而非可映是，圜朝以統。

九八，圜朝貞元，大利悠遠。

象曰：其過越升岔，大利悠遠。

六七，上統，元亨。

象曰：以元掐縼，上統顯形。

六六，圜朝元顯。

象曰：一設之歧，元顯其存。
九五，圜朝續衰。
象曰：複一而不同，引元續衰也。
六四，圜朝假隱。
象曰：假隱以取無，故以元代一。
六三，逆感，利艱貞。
象曰：圜朝非一，逆感所常，其取，利艱貞。
六二，比存誤，元吉。
象曰：以存誤映假釋，有以統制取亨，元吉。
初六，圜朝敏網，利涉大川。
象曰：次易大元，圜朝敏網，統取數釋，利涉大川。

陰辨：◎圜朝，影易六十四卦之一，變易體於一的圜元本作，「一」的取象有不同的位涉。倚變卦，在變易體的無一之下，自認爲不斷重複同一件事情，但在下「一」情境體節階的辨識，實際已經不同。

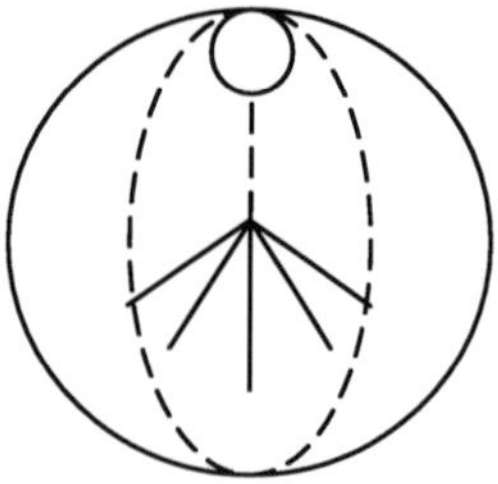

陽識：◎物質的自擇，細胞的自擇，個體的自擇，感知的自擇，智能的自擇等等，都可以用單位一去架構定律，預測當中規律性。但是卻無法倚靠它，去阻止不想發生的事態，也無法預料它的變化。因爲不易的取象，由變易體架構，實際上都是可以被變化的。在這些眾多『一』的定義當中，圜元而沒有真正統一之體。次易圜朝敏網，以存誤而假貸之。◎自然界的定律，似乎總重複同一件事情，物理平方反比特性的一再顯現，生物結構特徵的一再顯現，都由原始因子出發，取象當中的不易。而實際上，這些以爲的「同一件」事情，沒有存在的本據，無法因這種「一」，阻擋變易之降，即無法達成，永遠規律和諧，且不變的情境狀態。

⚋⚊⚋⚋⚊⚋⚋⚋⚊ 夸古卦

夸古。遠節析制，神形以與。

彖曰：夸古，無一大體，必一生一限，圜朝無止，夸古神形，貞固。

象曰：上坎下屯，夸古。智者以合型數制。

上六，坤上制乾。

象曰：坤降而乾限，坤爲上制也。

九八，遠取大儀。

象曰：易降無宇，遠取大儀，亦兩儀所限。

六七，降冪窮古。

象曰：其降生無窮，複合型鑑，元一以代。

六六，盤古下制，貞元。

象曰：其貞元，以圜朝無止，以厄限也。

九五，夸古律節。

象曰：神形律節，利辨曲其極。

六四，夸父上情，終吝。

象曰：雖終吝，取象另態，其可嘉也。

六三，屯積其動，元亨。

象曰：其動陷循環，元亨。

六二，遠節合型，有得。

象曰：遠節未擾，而可合型，有得。

初九，卷誕，利有大得。

象曰：卷誕而破宇之觀，大亨，利有大得。

陰辨：◎夸古，影易六十四卦之一，定義一種盤古之制，形成一種夸父之限。降冪的二進制解析，每一個節階，都可以有無窮的取象意義。即每降冪一個盤古，就會有一個夸父，無止盡地在取象，而達不到終極目標。

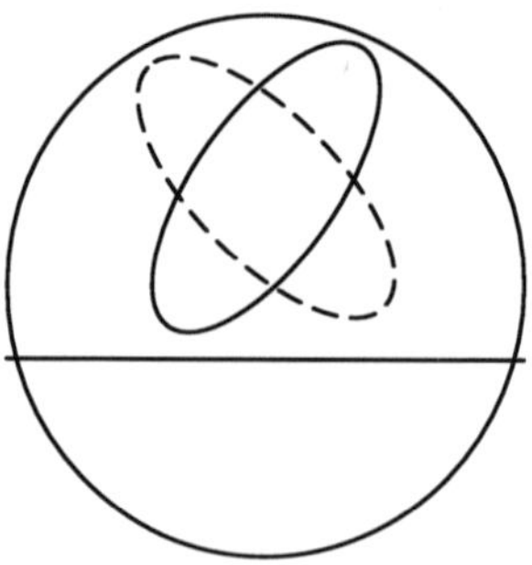

陽識：◎每一節階二進雙循環，都會有投攝一無窮的取象規制，那麼在一定義域階層運動，則產生一無窮的意義。降冪與無窮，合型於坤元。

忽昺卦

忽昺。暫影之存，情淺矣，不固。

彖曰：忽昺，混體易聚，冪不固所情，昺顯其情而迅沒，始以聯次大聚。

象曰：上坎下既濟，忽晃。智者以識衰鑑亡。

上六，易聚之滲。

象曰：易聚之滲，亨澤所則，非亨固矣。

九八，迅沒，倚吝。

象曰：忽昺迅沒，倚之而吝矣。

六七，既濟亨小，終衰。

象曰：既濟亨小，所顯暫影，終衰。

六六，忽昺始吉，往吝。

象曰：慣行所制，暫影之存，雖始吉而不可恃矣。

九五，變一，不利貞。

象曰：其易義矣，不利貞。

六四，忽昺之存，往吝。

象曰：存而不可攸矣，近用，往吝。

九三，衰際，毋恤。

象曰：其必有自，未深鑑，毋恤。

六二，忽咼所勵，終克。

象曰：不倚而作，短顯而自取所亨，雖變可續，終克難也。

初九，慣不既濟，元亨。

象曰：慣不既濟，忽咼移冪，雖自制其變，引固也，元亨。

陰辨：◎忽咼，混體易聚之貸觀。變易混體連冪，當事態進入混沌難解，必然是各演變過程中，原始聯次狀態，同行運作，整體必然更深入地，受變易體啓作，故我們所能取象的狀態更淺薄，而更模糊不清。

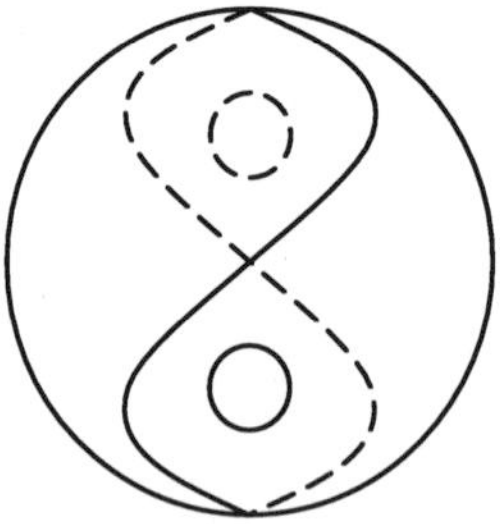

陽識：◎探索現實物質，沒有一個絕對最基本的單位，卻有變化不定之態。而不同慣性聯次，決定不同的存在狀態。又道先無窮而終於一，任何的衰變，必從其基本定義變動而衍伸。任何存在體，走向於衰變，其根源於變易開啓之作，入制於常態的運行。所以常態運行的取象混沌，則必然是變易體，重啓新聯次之態。

黏跡卦

黏跡。以攸，原力後歸，復網黏跡。

彖曰：黏跡，其無窮降，關攸建制，黏跡活以，元亨，利大學，以通大志。

象曰：上節下咸，黏跡。智者以富情獨取。

上六，取攸素跡。

象曰：降與二元，取攸，素型其跡。

九八，複體黏據。

象曰：雖複體，羅合不隨，黏據制性。

六七，粘跡網原。

象曰：制性而終據網，黏跡而原力凝曲。

六六，網原後歸，無咎。

象曰：必先制性，功後歸矣，可待，無咎。

九五，和功的，利艱貞。

象曰：降與非功，以和其的，利艱貞。

九四，節合，大利攸往。
象曰：節合，曲攸也，智構跡機，故大利攸往。
九三，一升不逆，終厄。
象曰：其積也，有不曲逆，不利失緣，與機，終厄。
六二，咸以偵，亨。
象曰：其獨取也，偵而便，亨。
初六，黏跡域塑，有固，吉。
象曰：黏跡域塑，其學體，求固得也，吉。

陰辨：◎黏跡，「無窮降」與「原力後歸」的建制方式。即使是最簡單最常見的事態，都來自於無窮所降，故任兩事態之間，都必有關聯體可以建制。不斷累積下去，眾多的關聯體之間，必也可二元相映，交互變形而相互契合，而可以成活性的關聯網，黏跡所有型態意義，為次易各卦所跡之引義。故曰：「粘跡網原」。

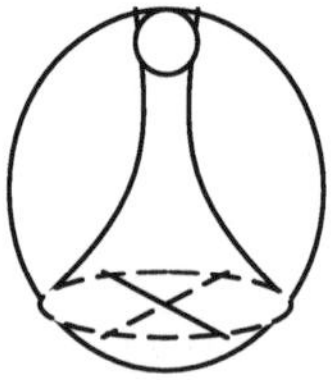

陽識：◎倚羅合卦，事態由非取象制，或假稱隨機，羅合而成，然設計建制，有取象標的性，最好的方式與建制標的，有不能謀合的衝突。故黏跡上制思維，同制此矛盾而運行，其義大矣。◎「一升」以及「技術規則」去建置，必有很大瓶頸限制，此思維的技術體系，必有不可曲逆的思辨流程，無法應變，眾多無「原緣背景」倚靠的變數。

-:- — -:- — -:- -:- -:- -:- -:- 俎穆卦

俎穆。元制生滅，組於同位，貞固。

彖曰：俎穆，易降元制，同位生滅，俎佈其情，穆型歧取，大利悠遠。

象曰：上蹇下剝，俎穆。易以元制具型。

上六，元網生滅。

象曰：元制大行，網位生滅。

九八，穆歧復健。

象曰：其次位同處，復健於情。

六七，俎穆亨位，大利悠遠。

象曰：以變俎而成穆位，大利悠遠。

九六，同位下致，有迷。

象曰：同位下致而穆歧異顯，取有迷矣。

六五，俎穆深取，有得，吉。
象曰：深取亨位，利悠遠而有得，吉。
六四，元組俎型。
象曰：元組織穆，俎型不恤其情。
六三，蹇俎，不利攸往。
象曰：上不恤，蹇俎其情，不利攸往。
六二，俎穆位序。
象曰：元制而俎滅，穆位替矣。
初六，剝取未滅。
象曰：俎穆亨位，其可後延，雖剝其形，位未滅也。

陰辨：◎俎穆，組合與瓦解的同位處，其亨變意義。在變易元亨相映下，瓦解與組合在同位而分取向象，則任何的演變新義，都必然引此位，使舊態重新出發而已。故自擇脈絡，無論如何棄解，都爲俎穆而亨全不滅。故曰：「俎穆亨位」。

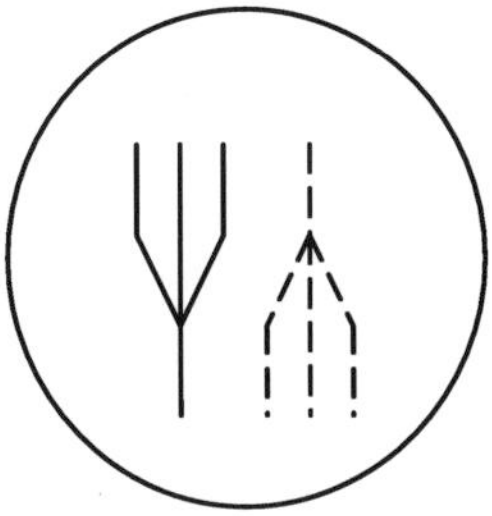

陽識：◎何謂深度？若圉嶺卦限，變易層次而言，任何型態方向上元下致，則思慮的深邃，僅與思慮的精確，性質相當而已，時間悠遠對其沒有意義。然俎穆亨位入於我等取象，同位而引變各卦限的舊解與新生，皆同亨於原始，以成情境潛伏的長遠性，深邃之義於此矣。故伏羲八卦，由原始時代悠遠以制今時，石器時代的原始人，也可以掌制資訊電腦的今人之思維方式。一個最深邃的自我意識，必然不斷地拆解自己的自擇態勢，則另一種自我，會有另一種思想方式，而可同位相亨於情境潛伏之中。

頤和卦

頤和。合有續，其元亨，利攸往。

彖曰：頤和，廣合以頤，和以達其亨，延所大作，其續悠遠，利涉大川。

象曰：上蹇下頤，頤和。學者廣合自作，以有大續。

上六，錦衰，往吝。
象曰：錦盛亦不永續，易制也，往吝。
九八，頤以汲，無咎。
象曰：頤以汲，必不可阻，無咎。
六七，合未和，終凶。
象曰：合未和，其頤而不治也，終凶。
九六，行蹇，不利攸遠。
象曰：象惘矣，行蹇有難，不利攸遠。
六五，頤和大作，貞吉。
象曰：頤外而不剋，和而大作矣，貞吉。
六四，以頤維合，利涉大川。
象曰：維合而大續也，元亨，利涉大川。
六三，合頤伏蹇。
象曰：合頤伏蹇，其不和矣，終不至。
六二，和行，吉。
象曰：和行以遠，引健之亨，吉。
初九，律頤和，利艱貞。

象曰：既其所易，以續往也，利艱貞。

陰辨：◎頤和，引汲合和。任何人爲取象，皆有衰變之性，更遑論人基於某種利益或目的，塑造出來的型態。既然存之於變易制下，必無永固不改之則。是故長久延續的體系，旨在於所合頤，入之於合和，其近於大象所延續。

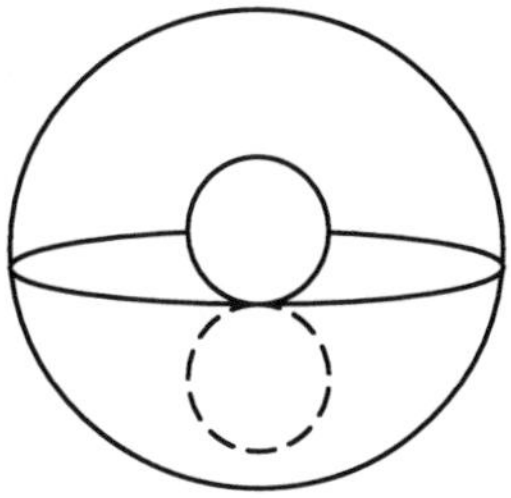

陽識：◎自源啓發的五大文明，乃至其他創造力更強的文明，都沒有不受外界影響者。乃至於把人類文明都看成一體，則失去了地球之外的天文啓發，失去了與其他生物的密切互動，也不可能創造出來。◎而人造出來的體系，即使再勝盛，亦未有不衰變者，然而在人無止盡地愚昧本性中，徒慕短暫浮華的假象，而失自身開創的動力，是最常態的一種。故善汲於外，必自合於內，達於和者，其壽祚久矣。其汲取、創造、合維。汲取不必是擷外人，但必定擷於外界。真實地有自我創造，才有長遠的潛力。廣合眾象以勤解其疑，取得更深層之喻，合維於己身大作，成頤和常態。

⚋⚊⚋⚊⚋⚋⚋⚊⚊ 魁降卦

魁降。性行智，利悠遠，利涉大川。

彖曰：魁降，知在易不在明，魁始降作而貞，後行大利，雖寡鮮，可結，元亨。

象曰：上蹇下損，魁降。學者結魁，以續文明。

上六，大魁無序。

象曰：大魁無序，性行所智也。

九八，漸度魁降，利艱貞。

象曰：所歷大艱，貞而得，後正行。

六七，降有蹇，往吝。

象曰：始性候變弗違，降有蹇，往吝。

九六，文損，入厄，終凶。

象曰：文損，公益不得，必有貪入厄，終凶。

六五，放賁，終無續。

象曰：放賁雖亨，亦彰其麗，必失魁也，終無可續，漸亡也。

六四，浮欲之損，終不得。

象曰：雖導其降，浮欲之損，終不得魁。
六三，魁降御階，無咎。
象曰：有所資，結之先也，無咎。
九二，魁降之結，貞吉。
象曰：雖寡，結而大行，貞吉。
初九，魁降之貞，元亨。
象曰：其行有固，利悠遠，元亨。

陰辨：◎魁降，意識主宰智能，創設知識的延展特徵。知識的重心不在於知識本身，而是了解知識之後，展開後續演變行爲。此演變行爲，必是由原始本性出發，相互頤和而後塑，才可以是穩固的降冪延展，爲魁降之貞。◎然而其寡有矣，即使設計一種方式，有效誘變本性往這邊發展，但在社會群體運行下，最終不變質而堅持下來的者，也不會很多。是故至少在本物種的文明狀態下，欲長遠設定文明演變，而不斷上制時義，其機會很低。

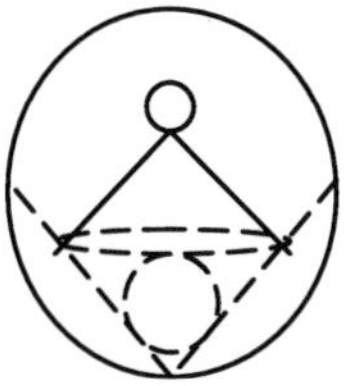

陽識：◎接受知識並不困難，然而接受知識不代表擁有；在其意識之中，接受來的知識，可以只是達成慾望的，精密工具而已。如此，對知識所累積出來的文明大體，其後續縱深的演變潛力來說，就是最大的漏洞與限制。

-:- — -:- — -:- -:- — — -:- 惘跡卦

惘跡。返取之礙，以惘，終艱。

彖曰：惘跡，易另階，必返取矣，合情先濟而後終失，其艱也，智必合德而行，以涉大川。

象曰：上蹇下蠱，惘跡。學者以後合求易。

上六，返取降惘，大倚規跡。

象曰：返取降惘，智型大倚，以跡而歧變也。

九八，惘跡摻情，失所籌。

象曰：摻情，必同取，求易所礙，失所智籌。

六七，爾垠規象。

象曰：智之所限，規象必惘。

九六，另階返取，利艱貞。

象曰：另階返取，高制離合，利艱貞。

六五，迷惘跡，貞德，無咎。
象曰：有學而後迷，貞德而不放利，無咎。
六四，蠱終窮，往吝。
象曰：蠱終窮，返取必惘矣，往吝。
九三，惘跡隨象，有歧。
象曰：起學而不得，終有歧也。
九二，兩儀蹇映，元亨，行阻。
象曰：陰陽雖濟，而其蹇映，元亨逆位而行阻，不利攸往。
初六，定跡之窮，厲。
象曰：其窮，易遠也，求上晉而再定，厲。

陰辨：◎惘跡，思維返取求易，連結情境之礙。思維返取先降後升，必先降於情境之態，再於情境返取，而後透析背後的變易法則。如此則意識體會任何的法則，必定因此連結情境體，而不是真正純粹的法則本身。非遺漏或偏誤，反而是雜入很多與變化不相干的情境之質。故曰：「惘跡摻情」。

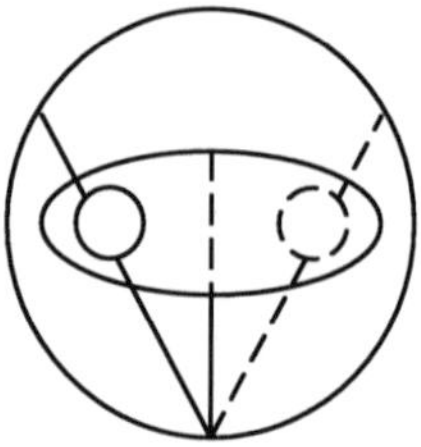

陽識：◎倚忖階卦，所求變易位於另階返取，使思維太過於定型分類，失去真實，乃至基於圖利思想的人，所做出來的事，卻不見得真正對自己有利。◎意識在此情形下，道義的圖像雖摻多，不見得會去連結，利益圖像即使摻少，不見得沒有連通。所以受良好學問教育者，只是其道義圖像多引，而實際行爲，未必比教育者層次低者，更近於道德。撇開原始生存意識之利，純粹智能意識相較，除非所摻入的情境自行推求背後的變化法則，才實際有了連結，不然其道德情境之象，反而可能是其圖原始之利的工具而已。◎情境分類可以貼近，但是變易分類卻會疏遠，一近一遠，相映成了思維定式。情境爲求易之障礙，然它又在返取變易的必經之境。是故次易之求，先分而合，勤求原象，而後捨棄之，以終卦絢航，而近易體規制。

-:- — -:- — -:- -:- — — — **張宜卦**

張宜。另便亦存，我不行爾，識無咎。

彖曰：張宜，易機行知，異同始端，非具則也，而後張作，厲，異得。

象曰：上蹇下大畜，張宜。學者以另闢異同，易制乖途。

上六，異同始端，歧闢。

象曰：異同始端，後延亦續，歧識之闢也。

九八，本易不然，厄。

象曰：人所同辨之歧，本易不然，必厄。

六七，大畜乖張，不利攸往。

象曰：異同大畜之亨，人行乖張矣，後吝，不利攸往。

九六，蹇阻之宜，元亨。

象曰：蹇阻之宜，我行另便，返易作，元亨。

六五，張宜端跡，無咎。

象曰：雖有蹇，張端跡而宜，無咎。

六四，新闢，漸異。

象曰：我另異同，新闢張宜，漸顯其異。

九三，當無存，另有。

象曰：識張宜，無亦存也，另有異同辨也。

九二，當一同，檢無。

象曰：異張宜，皆可一同，檢其無也，可多闢矣。

初九，二元一，有得。

象曰：二元一，還宜相定而同脈，以用學，有得。

陰辨：◎張宜，異同之知具有另便性。對於情境體來說，異與同的認知軌跡，有很大的彈性範圍，對於變易體乾坤二元而論，可以任何狀態定義，都切割成不同，也可以任何狀態定義，都合併成相同。◎存在與狀態可以分離，數字與文字敘述可以相同；這就表示，我們對於異與同的辨識，不是唯一正確的標準，無論何種標準，都可以在情境體中，架構其正確性。◎常認知的存在，一定具備狀態或是性質，而變易之存在，卻可以完全不具備狀態，以無而存。

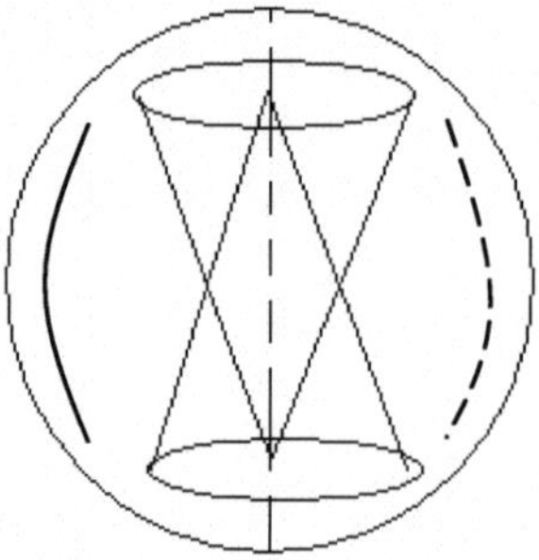

陽識：◎當認識的一樣事物，只記得內容實用，而完全遺忘它的稱呼，逐漸就會把功能也給切割，到最後一般人認爲的同一件事物，我卻會認爲，這只是兩件事物的組合。◎數字建立的理論，也必須要與語言結合，才能理解這數學模型，所討論的情境。◎學生被物理學弄得頭昏腦脹，以爲這是多麼複雜神聖的學問，實際上每一個運動變化的表述，大多都只是定義與概念之間的互換，如加速度與力的定義，可以用互通的概念衡量，衡量只是人對於速度與質量，中間的結合概念，以定義運動的取象。都只是前人定義出來的觀念，數制化統合。而後輩學生，又會被老師們誤導，重複當年「神聖真理」的學習迷思。

-:- — -:- — -:- — — -:- — 玨憲卦

玨憲。定旨合儀，大利攸往。

彖曰：玨憲，陰陽辨識，合玨實也，原力以濟，旨立而近易，濟事之所基，元亨。

象曰：上既濟下離，玨憲。智者以深辨立旨。

上六，儀不固。

象曰：玨憲大制，象儀而不固矣。

九八，鳌象定儀。

象曰：鳌象而玨憲再義矣，未可貞。

六七，珏憲象惘，失固，厄。
象曰：象惘，而兩儀非固，必有厄矣。
九六，珏憲之檢，元亨。
象曰：其檢必昭，陰陽各衍，大麗也，元亨。
六五，珏憲之合，貞吉。
象曰：珏憲之合，陰陽辨義，貞吉。
九四，時廣既濟，有辨，亨。
象曰：時廣而旨明，故有辨也，原力既濟，亨。
九三，珏憲大宗，利涉大川。
象曰：大宗而行固，兩儀有衍，可中道，利涉大川。
六二，具未制，不利攸往。
象曰：終遲於途，求不致，不利攸往。
初九，原力濟，利貞。
象曰：原力無向，旨固而利貞也。

陰辨：◎珏憲，陰陽非固之映義。倚擾儀卦，陰陽是相形非固的型態辨識，原因在於情境事態的宗旨，本身也不是，固而不易者。但若宗旨意義明確，則陰陽狀態各有其具體之繫系，而可局制，則爲原力運行之脈絡。

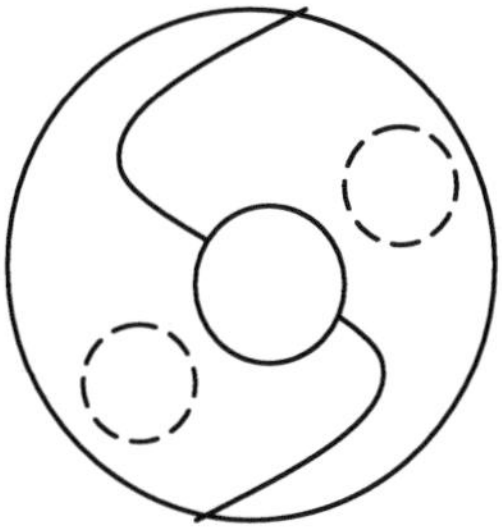

陽識：◎現實狀態的宗旨，與意識相悖，則陰陽顯伏之義誤矣，雖有原力之濟，其流程中僅能顯現具象，無法成實體之制，目標進展遲滯之阻，雖有助力也不可濟矣。故玨憲之徑，濟事之基也。

掐縼卦

掐縼。忖階列環，取一自列，元設而掐役所一。

彖曰：掐縼，元以攝一，實自列元環，忖階降情，未可縼映上制。

象曰：上井下觀，掐縼。智者以大過上關。

上六，元關。

象曰：其中無，而環無窮掐役所情。

九八，上關搯攏。
象曰：忖階而未必可映矣。
六七，元環忖返。
象曰：忖反過映，可以大曲。
九六，寡數大眾，涉艱。
象曰：元制寡數，而型情大眾，其取涉艱。
九五，元列制情，大利攸往。
象曰：或與時辨空，元列而序生，大利攸往。
六四，一深役。
象曰：一義有曲，深役而後辨。
六三，井觀之搯，終吝。
象曰：井觀之搯，未自明也，終吝。
六二，易咎，不恤人咎，元亨。
象曰：易咎當與，人咎不恤，元制是亨。
初六，搯攏體元。
象曰：取象有限，故以元一假行，搯攏而後制也。

陰辨：◎掐摐，影易六十四卦之一，元環障礙，自列無窮。無窮為無一中，一的取象定義：即法則支持此取象型態之『增』，則此法則，也支持此型態之『減』。此為變易體系下，取亨，『一』的定義。

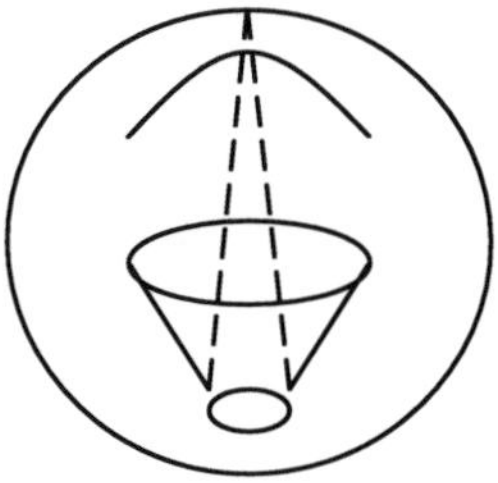

陽識：◎倚圜朝卦，即使同一種存在架構，同一個體，置於同一種環境，也不會有『絕對相等』的自擇態勢，即元一自列無窮。可以在辨識物質與取象之中，認定相等，而實際上仍分屬於，忖階列環的無窮之中。故被辨識為相同的物質粒子，也會架構出不同的變化態勢。

-:- — -:- — — -:- -:- -:- — 編賦卦

編賦。編程大體，役動而分衍，利悠遠。

彖曰：編賦，未必續同，而有分衍，解於次行而合主元，終可新設悠遠。

象曰：上井下益，編賦。智者以次行編程，涉設主元。
上六，勉失之得。
象曰：勉失之得，絢航可塑。
九八，異續始支。
象曰：雖不同續，原始上銜，其次行同銜矣。
六七，編賦亨行。
象曰：受易塑，而編賦亨行，不設同續。
九六，次演支銜，利艱貞。
象曰：雖次演，自與上制，利艱貞。
九五，編賦分衍，無咎。
象曰：分衍有支，不違上制，無咎。
六四，編賦次行，利攸往，大有得。
象曰：以次行而涉主元，利攸往而取，大有得。
六三，井源知塑，大利悠遠。
象曰：井源知塑，有以後亨，大利悠遠。
六二，益異象溯，慎恤。
象曰：編賦益異，未必取正，其象溯可咎，慎恤。

初九，分衍失源，凶。

象曰：其失源支衍，脫行未遠，易不濟矣，凶。

陰辨：◎編賦，影易六十四卦之一，與主敘述根源斷連的次行。倚變卦，若支脈取象存在反饋原始因素變化，則支脈取象的本身，並不會永遠與原始狀態相引濟。而可存在自行的狀態，以次演脈絡與變易銜接。故曰：「編賦次行」。

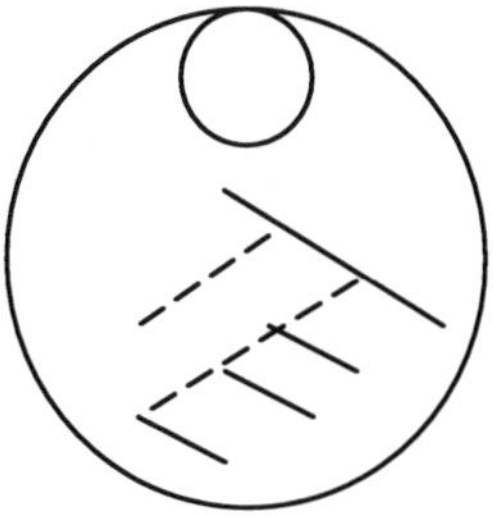

陽識：◎一情境時空累積狀態，系統無論主次，在銜接變易體運行，必然等價同具，即使是設定爲因果關係，此法則必以各種事件運行。◎分支支脈的反饋，即使仍不斷受主根源饋濟，也並不見得永續與根源同步變化，而同爲情境狀態等價，自行可與變易編賦同合，次行於根源之外。而在複雜的情境交互作用中，演變自我的分系。

沛圖卦

沛圖。大艱導涵，貞慎恤。

彖曰：沛圖，極艱之咎，廣域沛圖，利致寰宇而貞可攸往，

象曰：上井下中孚，沛圖。智者以大制域固。

上六，降廣沛，必涵。

象曰：降多導，型廣沛，必涵而成也。

九八，昱晃頻塑，貞固。

象曰：其頻塑旋變，數制成慣，始悠之存也，貞固。

六七，本據相對，往短曲，終吝。

象曰：其本據非涵，引相對矣，其取短曲，終有吝矣。

九六，沛圖涵塑。

象曰：本據非實，其涵塑之攸，外降取位也。

九五，沛形失圖，失制。

象曰：沛形必作，失圖而有迷，制不得矣。

六四，井靡，初得，終凶。

象曰：井靡，失貞，自擇失辨也，初得慣之適，終有凶矣。

六三，沛圖慎易。

象曰：雖近大制，圖有後辨，慎所易矣。
九二，兼種域固，貞吉。
象曰：其大制也，沛略而遠圖，貞吉。
初九，中孚以發，大利攸往。
象曰：發而存有大處，大利攸往。

陰辨：◎沛圖，變易多導性的容固空間。變易達到最極限難度的型態設計，必然具備相對無窮的「域固蠶變」之區。而在當中「昱晃」之數制到型制，形成不斷地螺旋變換，只是建構來當一個相對定位者。而實際織成，涵沛多導之象。故曰：「沛圖涵塑」。

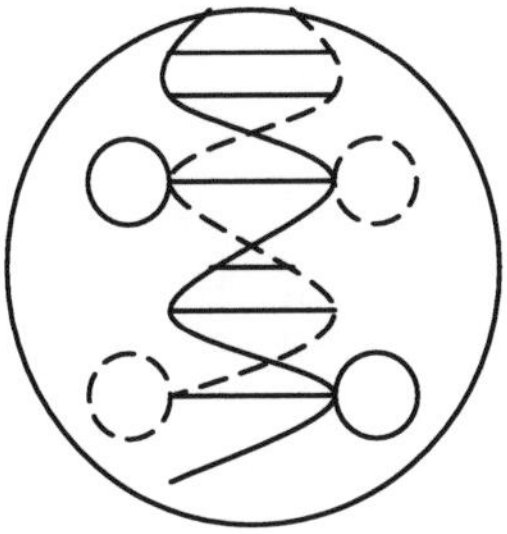

陽識：◎倚聯次卦觀，慣性與自擇原始因素，成爲變易多導性，取象的相對性參考標的。則智能最極限的設計，必然也是主軸保存，只是相對參考標的。即「始悠」之存，只是變易降入之情境顯現，的相對標地，而並不是變易的本據。

-:- — -:- — — -:- — -:- — 解機卦

解機。義非固，往吝，有行顯。

彖曰：解機，虛實錯份，解合同作，其機以涉，原力甚作也，勢運之而可暫行。

象曰：上井下家人，解機。嚴者一以貫道。

上六，箇貞固，啓行。

象曰：雖高冪未貞，可啓行矣。

九八，破元深衍。

象曰：破元深衍，故行大衰，無以利貞。

六七，解基以安，義無咎。

象曰：雖不正行，基以安，義無咎也。

九六，解儀，不利悠遠。

象曰：虛實相形互歧，雖立，不利悠遠。

九五，解機無稽，厄，往吝。

象曰：解機無稽，非智矣，往吝而不治。

六四，核法度，利攸往。

象曰：核法度，解機之慎，利攸往。
九三，詢解機，行有減。
象曰：詢解機，避固家人，以難而起，行過而減矣。
六二，井塑用，厲以行。
象曰：勢之不競，井以塑用，厲之以行。
初九，原力大汲，非固。
象曰：解機之潛，非固，息之慎也。

陰辨：◎解機，離散解作之根本。離散解作之變化，其運作層次，所根基必混同爲一的基礎。分解而整作，必以統一爲基礎。虛與實兩種運行層面，若實的層面解體不一，而虛的層面還能維繫整一的運行，則所引納而入的原力，必強於虛實層面皆分家，或虛實層面皆整一的運行體。只是這種解機狀態，並不能成爲長久常態的穩定具象。

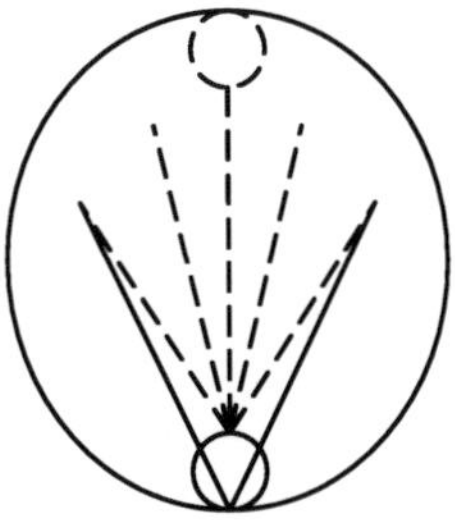

陽識：◎產生這種情境形式的原因，在於簡易的深層結構。簡易的貞固狀態，雖並非變易體所高冪之行，非可久固，然而在此爻度組攝下，解機之行爲涉原力大能之儀。

䷯影推卦

影推。異慣而存，影可推計。

彖曰：影推，對豎已數，以所推計，影有制而慎恤也，可以實矣。

象曰：上井下巽，影推。智者以虛制入實。

上六，混元制，利涉大川

象曰：其慣皆可亨矣，利涉大川。

九八，影據異實，利貞。

象曰：異實而其可證恤，利貞。

六七，豎數假象，無咎。

象曰：影推可計，豎數假象，本所無尤。

九六，井濟養智，元亨。

象曰：井濟養智，可不窮，元亨。

九五，影推有攸，艱吝，後證。

象曰：雖有其攸，豎不立也，故取艱吝，後以行證也。

六四，溺影成制，吉。

象曰：其虛可以涉實，吉。

九三，混取存知。

象曰：影推潛取，雖難，可以存知。

九二，影棄，終吝。

象曰：遺漏幾制也，終吝。

初六，逆豎數，凶。

象曰：其不究實，慣不濟矣，凶。

陰辨：◎影推，不存在意義中，存在的投射面。兩儀之映，不存在的虛擬意義，與存在的意義一樣，具有慣性規制。所以虛假的投影，可反射出實體存在，而辨識卻不知之處。然不同慣性決定不同的存在，任何可以虛擬的規制，可以與辨識定義的實體，作等價探索，且可以成爲等規模的變易意義。

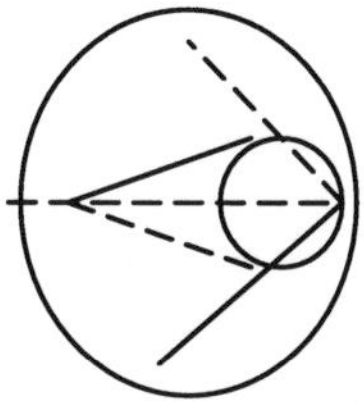

陽識：◎廣義虛擬光影，推究之真實意義；另外一種存在意義是個規制，可以變成等價豎立面，投影對我自己的不知道，投影我對『真實』事態的自以為知道，卻不實際。任何虛擬的投射面，就是不同慣性的相連，呈另一種實體的展現。

⚋⚊⚋⚊⚊⚋⚊⚊ 曳標卦

曳標。健損而有攸害，不利貞。

彖曰：曳標，銷損所健，所制標曳，未必咸恤，標義之固而終有受害，慎潛曳矣。

象曰：上井下小畜，曳標。嚴者以化始感同。

上六，重儀相攸，復鑑。

象曰：其重儀無窮，雜而簡辨，嚴而復鑑。

九八，返綱，形歧。

象曰：其動健受侵，形歧而未可辨矣。

六七，曳標潛改，有自失。

象曰：潛改，規制不察矣，有所自失。

九六，拉原變綱。

象曰：變綱，慎所攸害也。

九五，擇漸之損，終衰。

象曰：下象銷而曳標，上象漸損，形弊終衰。

六四，象裂，使中艱。

象曰：其不一也，合中艱矣。

九三，井陷之觀，大厄。

象曰：井陷之觀，受銷而不取新義，大有厄矣。

九二，小畜艱化，恤難，終亨。

象曰：類象不一，始因成慣，其艱也，動健而有同性銷剋，小畜，終亨。

初九，曳其則，伏凶。

象曰：曳其則，標變離義，健銷而未知也，伏凶。

陰辨：◎曳標，動健銷損，牽曳其準則。由天翦深辨，演化塑造生命體系，爲對映外界因素的結構，故一外來刺激因素，必激化一體系，演化而來的各階段原始因素，可能造成體系矛盾，而後破損。使得自擇，必須再轉變複雜地方式，重新彌補自身與慣性的存在。故其不斷地拖曳標的，與自身標準，形自擇再出發的啓動因素。

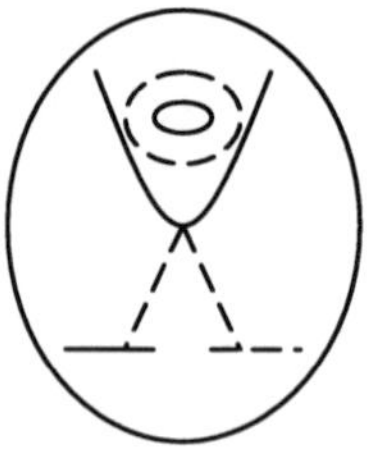

陽識：◎倚變卦，對慣性決定存在的體系而言，存在體系的標準原點，有相互拉距的兩種形上力量，可以改變座標中的一切意義，衍伸型態卻可能分歧。取象型態陰極之慣性，升岔激化陽極的原始。使自擇也必須變易。

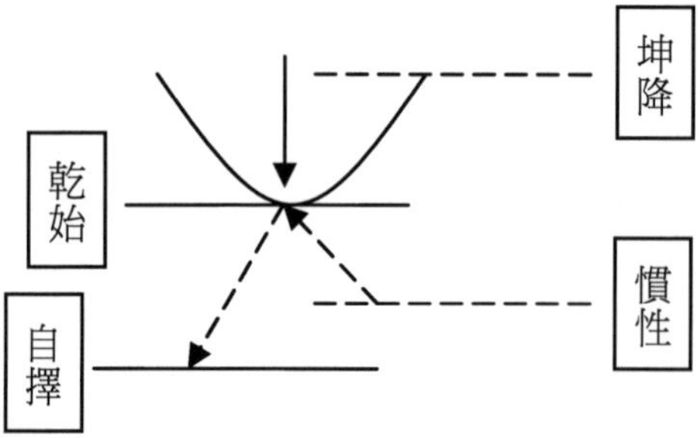

⚋⚊⚋⚊⚊⚊⚋⚋⚊ 籙刃卦

籙刃。上籙聚亨，不恤迷情，取象慎作。

彖曰：籙刃，有不可逆之變，行取符機，而實有籙頁，其刃據制之利矣，智當以恤，利攸往。

象曰：上需下無妄，籙刃。智者以勤恤易籙。

上六，渾均衍影。

象曰：其重儀之辨，必行籙頁。

九八，形上編籙。

象曰：其以頁次，序之擊情也。

六七，籙刃之割，怨無尤。

象曰：形上之制，雖怨，無可尤之。

九六，高頁合闢，利艱貞。

象曰：以致情萬化也，取其倚，利艱貞。

九五，籙刃規蓄，大利攸往。

象曰：以精確，規蓄而可期，雖艱其機，取而大利攸往。

九四，人制籙刃，終厄。

象曰：人制怨可尤，可傾，終厄。

六三，需義，慎所攸往。

象曰：受籙刃，亦可合關其頁，需義導倚，當慎所攸往。

六二，無妄受刃，貞凶。

象曰：形上未辨，而無妄受刃，其籙厄頁矣，貞凶。

初九，情潛預動。

象曰：情潛預動，籙刃之頁，時顯之矣。

陰辨：◎籙刃，形上重新符籙編組。倚變卦，混亂體制下，形上重新符籙編組，對原有慣性形成的型態而言，是一種無可抵擋的切刃。

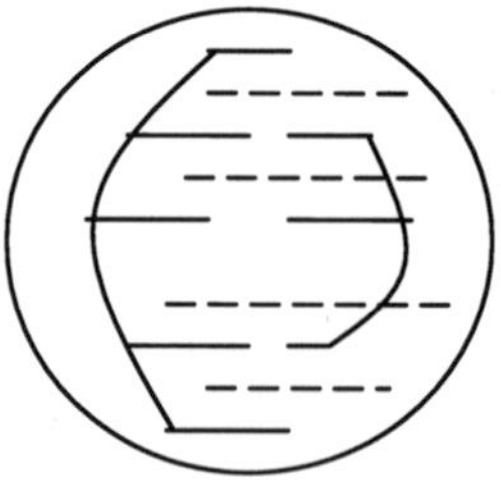

陽識：◎形上編籙，必然整列銜接，各演變歷程中原始累積的慣性。既然以空間慣性銜接時間自擇，倚變卦之義，必然可由時間的慣性，尋找最相映的空間自擇，而顯現真正形

上變易體，運行的部份對映面。◎蜃籙卦，情境潛伏的預動，鏡切卦之簡易上制，於籙刃所銜之義大矣。

-:- — -:- — — — -:- — —

厭踐卦

厭踐。厭而自設，導其踐。

彖曰：厭踐，實易遠中，識厭而成觀，雖踐亦虛也，放於利反不利悠遠，故辨學自設，本觀後踐，無咎。

象曰：上需下履，厭踐。仁者以本識求學，無趨放於利。

上六，大易遠中。

象曰：遠中不及，厭踐辨矣。

九八，實存自擇。

象曰：實存自擇，辨自行也。

六七，放利，誤後人，貞凶。

象曰：自辨放利，誤於後人，貞凶。

九六，中存之矯，無咎。

象曰：雖受誤，倚易中存而矯，無咎。

九五，有存，自虛設，時義終吉。

象曰：自虛設其觀，用時近義，終吉。
九四，生需厭踐，無咎。
象曰：生需厭踐，自擇大態也，無咎。
六三，履踐虛設，終厄。
象曰：所履虛設，雖勤踐，亦不及易，終厄。
九二，自可厭，利攸往。
象曰：前人厭踐，自亦可厭，利攸往。
初九，厭踐進構，利艱貞。
象曰：雖深伏，厭踐受導，取中再辨以進構，利艱貞。

陰辨：◎厭踐，自滿而行的辨識性。生存意識對於簡易中性的現實存在，是以自我建立複雜情境，以求滿足而後解讀，爲其行徑。故所成的任何意識，都不是真實的辨識體，卻被物種本身塑造情境解讀，然後自己選擇行爲，而塑造的情境可能與簡易的事實相差非常遠。然這種偏頗不近實際的選擇，卻可以帶來後續的變化的「事實」。所以在物種的演變歷史中，除了不易之則，「事實」的變易並不是有規律的連續體。◎意識感既然是自我虛擬，那麼價值觀亦然，人類歷史所有的價值觀，都是在生存條件之後，被虛擬與偏導而成。相對性地說，除非影響了生存根本，不然任何的思想價值觀之間的比較，只是虛數之間比大小而已。

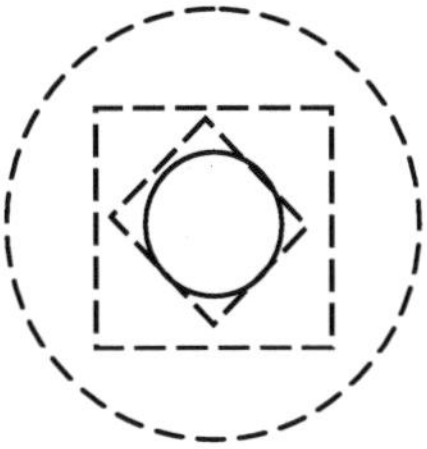

陽識：◎在夢境中，沒有真實供應什麼，卻可以感受美麗與滿足，現實中供應了很多「真實」之物，但是卻可能還不滿意。或只是某種化學物質在腦中，就可以讓原本該難過的感觸，變成歡喜。◎從意識，到價值觀，到悲喜之情。是一層層虛構型態，其架構的過程，只是觸及當前最高的滿足認同，自設而成的路徑。

集滅卦

集滅。存滅同源倚行，是以降冪，貞固。

彖曰：集滅，有無取降，生滅同行，複合所升，動健集滅矣。

象曰：上需下遯，集滅。智者以同行存滅之制。

上六，合一升岔。

象曰：集滅大倚，合一升岔，終有絡脈。

九八，一岔漸衰，元亨。
象曰：集滅有一，其岔而必漸衰，大易元亨。
六七，需取，終駭滅。
象曰：需取，有擇生，故終必駭滅。
九六，動健相形，亨。
象曰：複合升岔，後有取降，動健相形矣，亨。
九五，集一合滅。
象曰：集一合滅，其所必亨也。
九四，制所脈，慎固。
象曰：制所脈，強行也，以所滅人，己不得當，慎所固也。
九三，遯於滅，無咎。
象曰：複合於等比，遯於滅，取因倚之同也，無咎。
六二，升降相形。
象曰：集滅易所大潛，升降相形也。
初六，總漸集滅，毋恤。
象曰：總漸集滅，脈絡成體，其引無窮之相形，毋恤。

陰辨：◎集滅，複合升岔限義的總體。倚升岔卦，從物質的、細胞的、組織功能單位的、器官功能單位的、生存系統單位的、個體單位的、或是團體單位的。只要建立單位「有一」的運行變化，就必然有升岔之限，而此升岔之限，會疊合成一個總情境體，形成的總體限制的動脈。

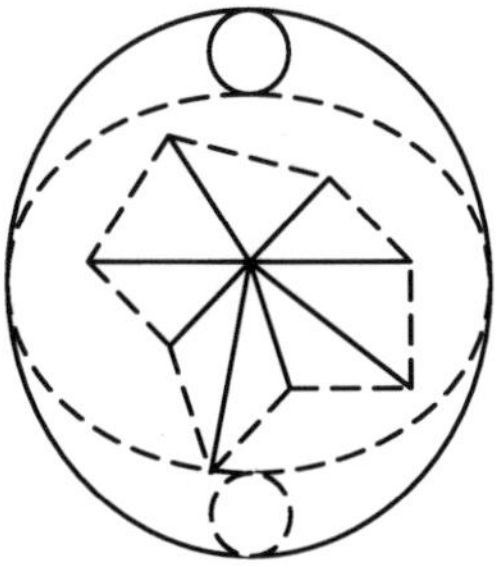

陽識：◎複合升岔，形成複合總體的限制，也就是存在限制的根源。在根本變化上，可以視爲無窮疊合，也就是「有一」之間還有其他的「有一」定義，而因無窮，與「無一」產生陰陽相對。總體限制的動脈，又倚此「有與無」的陰陽相對，複合「存與滅」的陰陽相對，所以「生」由複合而來，「滅」同樣也是複合而來。來自於同體的重儀之中。

⚋⚊⚋⚊⚊⚊⚊⚋⚊ **斷健卦**

斷健。時制所溺，乾綱趨漸，往吝。

彖曰：斷健，時起之而趨斷，終必更往，以取異與，而致所情境。

象曰：上需下同人，斷健。智者以換置御行。

上六，始體趨漸，不利貞。

象曰：趨漸而不一固，不利貞。

九八，固健之衰，往吝。

象曰：執迷未悟，雖固健而必之衰，往吝。

六七，時制之溯，元亨。

象曰：時制之溯，有所新局，元亨。

九六，需更始，利艱貞。

象曰：需更始而制效，以能止情，利艱貞。

九五，斷健執取，不得，凶。

象曰：期效不致，執取不易，不可得矣，凶。

九四，後取因與，無咎。

象曰：斷健而後取因與，必溯，無咎。

九三，斷健乾落，慎恤。

象曰：乾落而更健有礙，慎所恤也。

六二，同人之惡，不更始，終凶。

象曰：其健斷，更始不致及，終凶。

初九，斷健引佈，元亨，吉。

象曰：斷健引佈，反以體也，元亨，智之御用，吉。

陰辨：◎斷健，時制所起的乾綱，其動健亦隨時制而趨斷。一時制演化根源，的原始乾綱狀態，在一種情境功效下，隨時制運作而功效遞減。

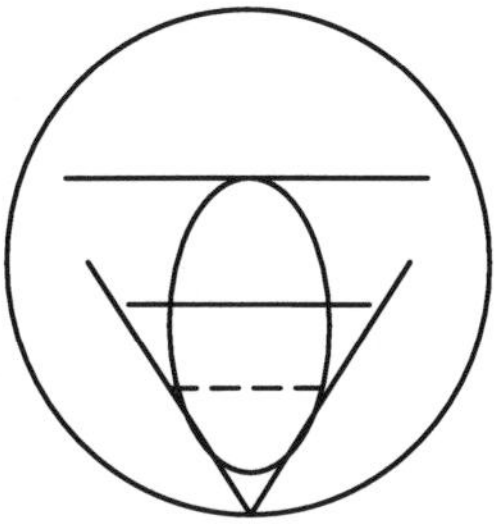

陽識：◎原始因素的運作，是一種空間倚時間之動態。假設維持動健同等功效下，其運作必定隨時間推移，而需要更原始的因素參予。◎要達成一種情境功效，其縱深的意義，就是原始因素展開乾綱脈絡，不斷地漸趨取始。所以一次不能完成情境目標，則第二次必定要倚更原始，而格局趨大一定程度者，才可能與第一次功效相當而已。

傾覆卦

傾覆。情境之複，必有傾，無終永。

彖曰：傾覆，情境取象，一象剛中，終有困覆，以自傾爲其顯，其道窮也，必也。

象曰：上需下姤，傾覆。勇者以得剋抑之緒。

上六，剛中制煞。

象曰：所涉剛中，無一之降，有一之升，煞其存矣。

九八，需涉，無咎。

象曰：情境必涉，需遇起象，無咎。

六七，時義大則。

象曰：必取象也，傾覆有體。

九六，反辨之亨，貞固。

象曰：陰陽取降，反辨之亨，正反同固也。

九五，傾覆取幾，終凶。

象曰：傾覆取幾，其必自然，終凶。

九四，姤原力，有以複。

象曰：有以複，故必慎恤，利艱貞。

九三，制取候變。

象曰：雖有反則，有所候變，且固。

九二，情境引複，無咎。

象曰：情境無純，引複而重儀必沌，無咎。

初六，傾覆速引，厄無尤。

象曰：傾覆自然，而速引之，取厄而無可尤矣。

陰辨：◎傾覆，複合體必有自我傾覆之源。在變易重儀降作下，任何情境定義，都是複合而成，而複合體在其所處的時義中，取象一中性原力，則對複合體來說，必定正反向同存，好壞性同體，因存在候變性，有所遲緩運行而已。◎正向遺棄，則連通反向的不查，反向的警覺，則連通正向設取。◎然而在虛沌卦的大體中，任何辨識的正反向，還會再顯其中性，而產生更細微的正反向連通，從而解離下去，形行無窮根源。故任何情境複合體，都會因此規制，而產生自我傾覆的走向。

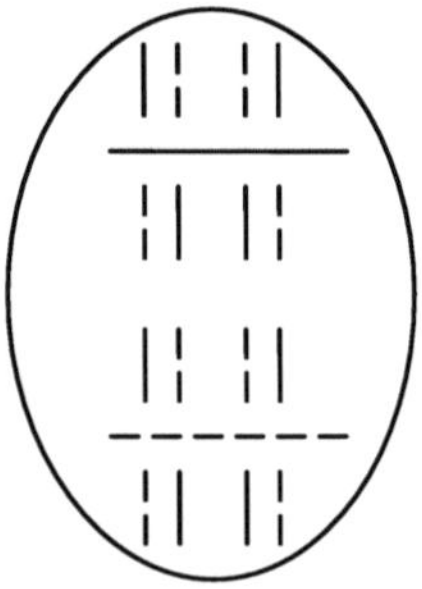

陽識：◎倚變卦所論，科學漏洞在於正向遺棄，經驗漏洞在於反向不辨查。又有經驗才產生科學。所以有反向的汲取當基礎，才有正向的遺棄。此僅認知的複合體系敘述。實際上任何體系，都會因此正反向之映取，而藏有自我傾覆的根源。◎故深入說型態傾覆，是變易體在無窮取象中，本身就設定好的。也可更清楚地形容，所有情境存在體，都具有自我傾覆的本質。

侵曝卦

侵曝。大侵有演，利悠遠也，未機，不利攸往。

彖曰：侵曝，侵而曝所共始，同綱有奪，以形後演於悠遠，情境所機大潛。

象曰：上需下乾，侵曝。仁者棄不必行之爭，行必演之侵。

上六，曝始之愕。

象曰：始非所豫，曝以有愕，以有侵也。

九八，需大易，貞固。

象曰：需大易，侵曝以往，終有大體，貞固。

六七，取歧，利貞。

象曰：衰舊以新，始有潛情，利貞。

九六，侵曝設機，大以悠遠。

象曰：乾健以往，機以侵存，大以悠遠之至。
九五，侵以演，元亨利貞，吉。
象曰：其乾元顯曝，元亨利貞，吉。
九四，同綱之亨，凶。
象曰：同綱之亨，健相斥矣，凶所伏也。
九三，慣以錮，貞厄。
象曰：侵曝之慣，有所錮焉，終不脫，貞其厄也。
九二，受侵怨，不得，吝。
象曰：雖以健直，終不得易，吝矣。
初九，侵曝失機，不利涉大川。
象曰：有奪而未演，失機甚矣，雖健而終伏抑，不利涉大川。

陰辨：◎侵曝，侵奪相爭之共元。倚變卦，共元具有絕對中性，兩物相互侵奪，必曝顯過去演化的共同乾綱體，而無論這乾綱體有多久遠。據同綱，變易才有演變互爭，而經過互爭則共同原始的乾綱，必產生設歧重演的機會，卻未必會被掌握住，或未必能有利於互爭體的方向演變。◎越多共同的演化背景，越有相互侵曝的機會，而侵曝後重新設歧的方向，所能產生的新局面，就在於兩者間共同原始後的分歧層次。所以演化分歧越大的物態相互侵奪，所產生的後續悠遠的演化意義就越大，這個機體在情境潛伏越深，共同乾綱的總機體其「自然時間延續」，也越悠遠。故曰：「侵曝設機」。

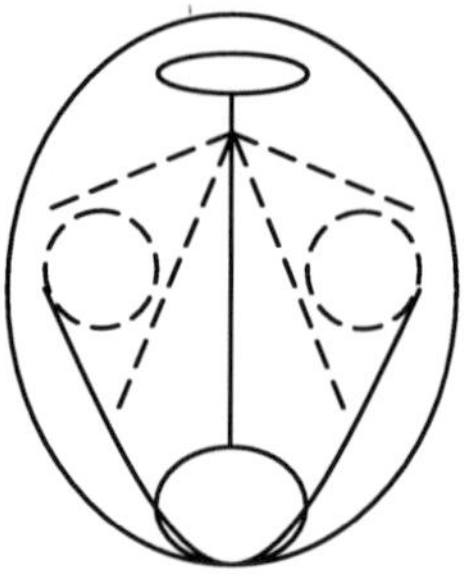

陽識：◎有共同慣性，才有共通存在，而有共通的存在，才有相互侵奪之事。所以侵奪，或稱之爲弱肉強食等等，都是基於共通存在的變易連繫，而淪爲被侵奪的一方，實際上在先基上，完全具有相反的虛逝情境，也就是成爲反侵奪狀態的可能，只是在過去的選擇中，虛逝而棄之。◎在共同上制的乾綱侵曝下，至少在這個星球上的演化中，掠食者本身也會自蝕，而無法吃光整個可被掠食的對象。即使出現某種完美狀況，吃光了被掠者，而後自營生計，不需再掠，其同類之間也會基於共同演化背景，相互開始新一輪型態的侵奪。侵曝之於親噬所機之易大矣。

-·- — — -·- -·- -·- -·- -·- **四陰卦**

四陰。迴返眾則，而形一體，貞固。

彖曰：四陰，內實無一，四象二制而亨，迴返取體而大制，其攸往，利涉大川。

象曰：上萃下坤，四陰。智者以防制善體。

上六，內整無一，元亨。

象曰：無一而整，大制體也，元亨。

九八，途衍，利貞。

象曰：次陰以制，途衍而伸，利貞。

九七，四陰以映，

象曰：其映二制，而四象有還，

六六，萃則，利涉大川。

象曰：法則有聚，其所甚，利涉大川。

六五，四陰迴返，亨，吉。

象曰：其眾則互濟矣，亨，吉。

六四，內無窮，吝。

象曰：四陰制體，內無窮義，一往不及，吝矣。

六三，同濟以嚮，外不可測，終吝。

象曰：四陰之亨，淺深同濟，外終不可測，吝。

六二，淺嚮取雜，溺陷，凶。

象曰：淺不得易，運體雜行，有陷溺，凶。

初六，深簡取藏，利攸往。

象曰：深藏而易制，簡取大整矣，利攸往。

陰辨：◎四陰，四象迴返法則，兩儀生四象後，具有次陰規制。事態變化的本據，可以因之深藏於高冪帶而簡化，將運作體，顯現於降冪帶複雜化。各種分化法則之間，可以相互連通。故一個認知體系的深嚮簡易化，與淺嚮複雜化，由此次陰規制分途而衍。

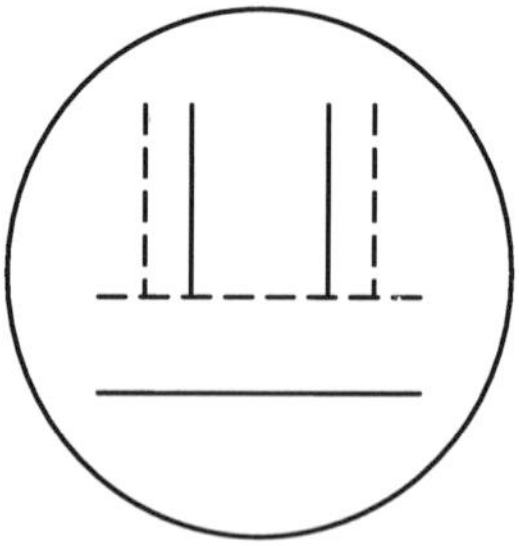

陽識：◎倚變卦，次陽與次陰，在整個二升冪與降冪的變化體制中。從深簡化到淺雜化，相互必然以迴返法則，才能在「無一」定義的體系下，而相互連通一氣。◎所謂防禦的意義，本身就是變化，是故最良善的防禦體制，必定是平常使用的空間體，本身就是防禦體制的一部份。空間的切割分配與其運行分布，聯通防禦的變化規制，那麼從深簡到淺雜，整個防範分布狀態，必定無法用簡單的偵測方式探索。是故降冪體制中，次陰次陽體，藉以聯通整體諸多變化法則之間，的迴返運作。此之於屬著之義大矣。

蹇陌卦

蹇陌。降順逆陌，引既無窮，恤我惘。

彖曰：蹇陌，載擇，虛逝處存，而續體無窮，處所擇而因果銜循，亡曆後傾矣。

象曰：上萃下復，蹇陌。仁者以順與承亡。

上六，易蓄大擇。

象曰：易蓄大擇，有其啓也。

九八，承擇虛逝，貞固。

象曰：其承，以既無窮，貞固。

九七，蹇陌顯徑。

象曰：逆遇所降也，無窮返濟。

六六，返濟有存，中其情。

象曰：中有降，承與情境，返濟無窮。

六五，繼時陌徑。

象曰：繼時陌徑，以再承，啓顯我取矣。

六四，亡後繼傾，終吝。

象曰：欲御存，其終吝矣。

六三，萃聚規擇，亨。

象曰：寒陌入顯也，存據，亨。

六二，續寒陌，終傾

象曰：續寒陌，動於乾始，繼傾其慣也，終傾。

初九，亡復，貞固。

象曰：寒陌所擇，上制於存，故亡後有復，貞固。

陰辨：◎寒陌，時空的迷陌。變易體降冪，情境二元顯伏的時空體制下，選項的本身絕對中性而繼起無窮，而展開選項之後的多重選象，以及多重選項之後的更多選象。直到虛逝體，觸及存在意義。變易僅以相映，即成情境的迷陌規徑。

陽識：◎寒陌顯徑，而有絕對中性的延續，二元顯伏的情境體，展顯無窮的因果連續。是故對存於情境中的體制而言，隨時間而展開的不斷地選擇，就是複合的慣性體，分階段傾覆體制本身的存在。乃至於自認爲已經過越了體制「亡曆」的大限，更原始的慣性，仍然繼續行徑於寒陌之間，而繼續分階段傾覆下去。死亡之後，還會有下一階段的死亡。

⚋⚊⚊⚋⚋⚋⚋⚊⚋ 對何卦

對何。對映本末，枝衍識行。

彖曰：對何，有識映對，判軌幾何，未必自貞，而行辨自亨。

象曰：上萃下師，對何。智者以簡檢其識。

上六，兩儀分辨。

象曰：末型成矣，故智識有限。

九八，對何映組。

象曰：映組，爲識辨之錀。

九七，形與幾何，貞固。

象曰：相對分辨，形與幾何，似有易，未必實取，貞固。

六六，應顯之辨，末象。

象曰：應顯之辨，成我所擇，義處未象矣。
六五，制對本末，亨。
象曰：制對本末，通行對維，可辨，亨。
六四，萃維，終有不及，大後必厄。
象曰：萃維雖亨，非通易也，遇不及，大後必厄。
六三，懇事，無咎。
象曰：對何雖假，懇事亦告，無咎。
九二，師懼，不利攸往。
象曰：既存對維，師行必懼，不利攸往。
初六，拒沒對存，可行，終枉然。
象曰：以對拒沒，其易之對也，雖近行存，終枉然不得矣。

陰辨：◎對何，思維的逐步架構，是用相對對比的方式爲基礎，一種相對就是一個對何組，對何組之間本末排列，而成整個意識判斷流程。倘若本末顛倒的話，那麼思想本質就會完全不同。對同樣的事情，就會有不同反應。◎對何的本末架構，決定了對一件事情的意識形態，產生不同的判斷。故對何組爲思想意識的乾綱運行型態。◎除了本末關係，亦相互干涉，而有複雜的意識決定。

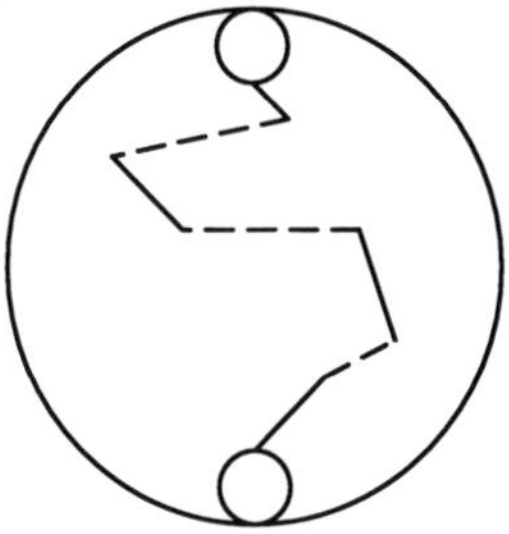

陽識：◎有、無；大、小；正、反；多、少；好、壞；清、濁；是、否；等等一系列相對對比，人的意識在處理任何事情時，都由這種方式開始出發，然後才架構程度、關攸、後續牽涉等等，較爲深層的型態。

捋緻卦

捋緻。不可設大體，終遠易，厄。

彖曰：捋緻，不容而取形短緻，以分逆勢，實未涉整也，合變後因，捋有緻也。

象曰：上萃下謙，捋緻。智者用之而不容於體。

上六，生遠易，無咎。

象曰：其已然也，而後辨其間，無咎。

九八，逆不容，必往。

象曰：勢雖不容，必往而捋變。
九七，運捋緻，以取形，利涉大川。
象曰：取形而不涉其易，遠厄也，利涉大川。
六六，捋緻漸惠，慎恤。
象曰：漸惠而浸體，慎所恤也。
六五，順緩捋緻，吝。
象曰：順緩延時，其不可悠遠，終吝。
六四，小人捋緻，終厄。
象曰：小人捋緻，近取其順而不遠慮，終有害也。
九三，虛進，不得。
象曰：虛進假象，欲恃，終不可得。
六二，萃型有濾，大利攸往。
象曰：僅設用，萃型而有濾，其彰器，大利攸往。
初六，謙遠片用，貞吉。
象曰：得其順緻而不容涉體，有辨也，貞吉。

陰辨：◎捋緻，自擇的精緻化。在二元架構中，本身型態與遭遇的變化，產生矛盾與不相容的情勢。從而在某一種較容易變動的細微維體中，加入不相干的型態改變，而轉化此與變化遭遇的矛盾態勢。從而使得整體，趨於複雜與精緻。◎假設遭遇的不相容環境情勢，比喻成一種逆流，那麼型態體的改變，就是在本身型態遭遇逆流中，設置可以分流的形式，從而將這種設置動態，保存與累積，與下一種矛盾形式的設置動態匯合。

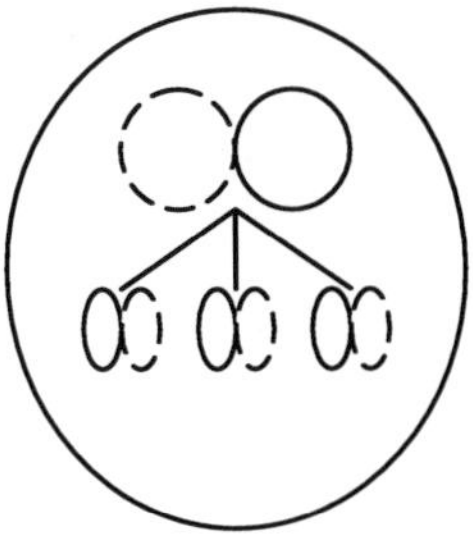

陽識：◎在二元架構多元的辨識中，一個定義型態的精緻化趨向，其型態精緻化的本身，是遠離原始穩健的驅動，從而複雜而脆弱。是故一複雜物態的運行，必定結合簡單原始的因素搭合，才能夠穩定地運轉。所以本體精緻化，實際上是在拖延矛盾，而產生後續的矛盾而已，會產生「進化」的假象，而不可能達到終極的目的。是故捋緻之易，只行其便，入用體不入本體，不能將之作爲求取終極目標的工具。

⚋⚊⚊⚋⚋⚊⚋⚋⚋ **結秩卦**

結秩。擇取誤，以成結體，成秩就往，吝。

彖曰：結秩，未真交結，自結錯象，意束其秩而隱所誤矣，終有吝。
象曰：上隨下豫，結秩。智者以其誤歸系。
上六，易秩無時，貞固。
象曰：易秩而不恤情潛，貞固。
九八，豫觀取結，凶。
象曰：豫觀取結，非所易體，強行，凶。
九七，結隱錯象，往吝。
象曰：誤取因果矣，終不得，往吝。
六六，結秩摻誤，不利貞。
象曰：引誤成體，實離而相結，故不利貞。
六五，虛秩之用，終失。
象曰：錯象而虛，引秩期用，勢易而終失矣。
九四，結秩隱發，吝，征凶。
象曰：發所錯象，故征凶也。
六三，結秩深慣，貞凶。
象曰：深慣而難挽，貞凶。
六二，虛秩伸比，利攸往。

象曰：雖誤，離象引制，利攸往。

初六，隨伸比，利涉大川。

象曰：隨義往，無所迷矣，利涉大川。

陰辨：◎結秩，時制依賴，自結錯象因果而共作。許多型態分類，與型態關聯，實際上沒有真正的因果關係，而認知受到了情境潛伏，即時間體制的流程制約，而產生了，自訂的錯象秩序。◎變易的因果律，並無時間與空間之規制，其所演變的情境體並不必然與時制同作，所以因時制而取之因果，必有摻雜其誤。故曰：「結秩摻誤」。

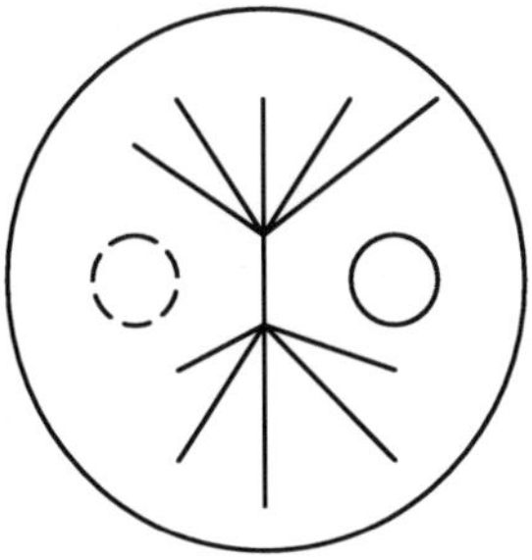

陽識：◎無論是對時間長久的型態過程，還是短暫的事態過程，都必定有摻雜錯象因果，的結秩之認知。而長久與短暫的結秩之間，可以組合眾多且雜亂的意識形態體系，也就是結秩體之間，也會相互形成縱深的認知體系。

絢航卦

絢航。於終審，過後實涉，利悠遠。
彖曰：絢航，涉誤映是，以取統制，中啓後憲，統審制新以求易，利艱貞。
象曰：上隨下震，絢航。智者以誤越正，統制審學。
上六，總御過實。
象曰：其過實元亨，總御是學。
九八，絢航虛導，利涉大川。
象曰：虛導實航，其儀映近易。
九七，越內組，有得。
象曰：一取於外，越形內組，有得而利後涉也。
六六，取制，元亨。
象曰：誤映其是，取制，元亨。
六五，絢航總映，大利悠遠。
象曰：總映而後涉，取制之亨，大利悠遠。
九四，一構檢率，毋恤。
象曰：一構檢率，其映辨也，毋恤。
六三，隨所塑，利艱貞。

象曰：隨所塑，以複孢深映，利艱貞。

六二，梭紡終型，貞吉。

象曰：艱貞之得，以映終型，貞吉。

初九，是構衍複，亨。

象曰：是構衍複，終有新辨，亨。

陰辨：◎絢航，影易六十四卦之一，返映塑型。最簡單明確的變化規制，即變化率，皆爲升岔結構而啓。雖由簡單取象之一，錯誤的基礎開始架構，但最終可以修正到一定的通適性。絢航塑論，反向索行，求最正確的基礎取象，逐漸遺漏架構，梭紡而得終型。其倚惘跡卦摻情之狀，而塑映之變。

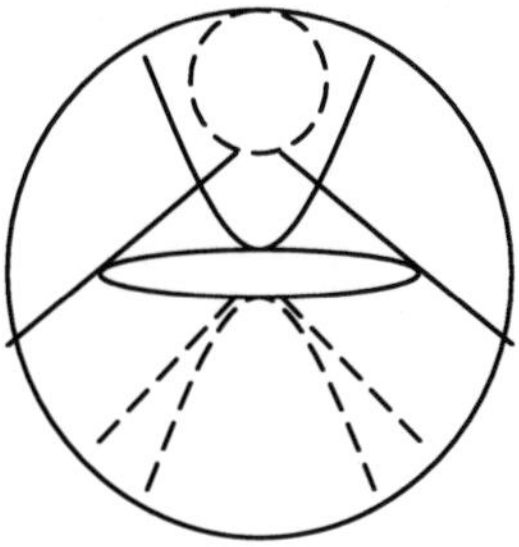

陽識：◎故絢航為次易終卦，形統制之後織。最終一切的實踐組合，都由辨識的內部哲思開始。故同一種思維起源，後續立論卻非僅於一種思考路徑。存在大體如此，取象辨識，亦應當同然。故次易終以文言股律，環衍無窮，後辨屬著。過程的疏散，等價於最終意義之嚴謹。◎次易塑建降冪，自以永遠不正確之論，而相映升岔，自以永遠正確之學。以遺漏而制塑造。以統制所有由一架構之思。

顛捨卦

顛捨。是律沒本，貞固。

彖曰：顛捨，其利艱貞，以捨隱為的，其辨自變，而伸衍後過，輯可存也。

象曰：上隨下解，顛捨。智者以尋本為輯。

上六，豎間，亨。

象曰：顛捨塑間，片跡之佈，亨。

九八，顛捨間塑，有得。

象曰：似未整形，間塑立衍，大有得也。

九七，淺積後過，無咎。

象曰：淺積輯跡，後可過難，無咎。

六六，沒本知厄。

象曰：顛捨沒本，知存必厄。
六五，輯所跡，利艱貞。
象曰：雖顛捨，存位跡顯，利艱貞。
九四，顛捨復與。
象曰：顛捨失本，復與其存，終陷其位矣。
六三，隨與淺律，終不得。
象曰：始雖亨，淺而終不得涉。
九二，解跡涉，利攸往。
象曰：解跡而顯律，利攸往。
初六，隱本不具。
象曰：所存不具本，終有存惘。

陰辨：◎顛捨，變易已存根本，而不予情境顯示者。用最高深的理論去解析一事實，也必然如同，從碁淺理論去架構它一般，顛捨根本，不然無從解析起。變卦冥獄之避，必使所銜的形上狀態，隱沒顯現的根本。

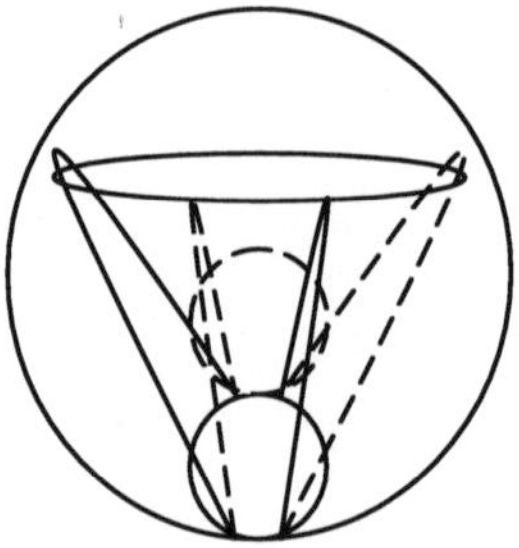

陽識：◎被定義爲錯誤的取象事實，去架構理論，都可修正到一定的程度，而行得通，成爲某情境之下，適用的『定律』。但都必然，產生理論能力的上限，不可能與真實的變易，具有相等的塑造能力。

降列卦

降列。可因，另有上型。

彖曰：降列，有亨而列，其與俱型，儀同複構而相攸之往，上固。

象曰：上隨下歸妹，降列。學者以析解窮列。

上六，上型另存，貞固。

象曰：下鑑其存必有上銜也，貞固。

九八，因降列，利涉大川。
象曰：降列而取哲，學可亨矣，利涉大川。
九七，降列感時，往吝。
象曰：其有時而不限，終不全，往吝。
六六，倚俱作，終戹。
象曰：俱作淺涉於易矣，成精實而有剋逆，終戹。
六五，升得降析，元亨利貞。
象曰：升得降析，兩相取通，其知作之極，元亨利貞。
九四，降列終復。
象曰：雖受意，枉道從人，降列終復。
六三，歸妹列惘，後得。
象曰：其有艱，終可後得。
九二，數制作通，無咎。
象曰：上無一，降列而作通，無咎。
初六，隨儀之深。
象曰：隨儀，時異而則同，鑑深矣。

陰辨：◎降列，兩儀因存之亨義。在型態存在意義之上，還有另一種「存在」的辭彙意義。其以相對映，而建構數項存在，必相亨通，才會有具體。無窮重儀而形成具體，衍伸所有事態的兩儀大通，都因此分列清楚，才有清楚與模糊的相對狀態。

陽識：◎次易九爻所以降列，分成其數。必先有從高而低之可輯，有相對映之亨，數項加減之間，才能互通。故降列、升岔，異在所作之作。

愎疇卦

愎疇。複宏上構，大亨。

彖曰：愎疇，愎所慣，不恤另存，複體而必有上疇，鄍以納姤，利涉大川。

象曰：上隨下小過，愎疇。學者以宏塑兼制。

上六，大構無體，元亨利貞。

象曰：愎疇大易，其大構無體也。
九八，複取上疇，利艱貞。
象曰：破越我愎，雖艱，複取上疇。
九七，愎疇深索，大艱有惘。
象曰：未破，其不與也，故大艱有惘。
六六，愎疇宏納。
象曰：慣性聯體，愎疇宏納，同制大塑也。
六五，隨與其愎，亨。
象曰：隨與其愎，雖初不見納，以勤恤，亨。
九四，大宇以應，貞吉。
象曰：其應而利大得，疇育也，貞吉。
九三，小過下順，終吝。
象曰：雖下順可亨，不近所疇，終吝。
六二，擇應之限，不及。
象曰：其限，我以行遠，務而未疇，終不及矣。
初六，黏跡取逮，大利悠遠。
象曰：黏跡取逮，其廣思宏維，大利悠遠。

陰辨：◎愎疇，不同慣性之間的聯合體。當承認一件存在時，就已經被一慣性思所制約。而事態都可以複合，慣性的本身，也必然可以重儀而複合聯體，以架構其上制動健，產生更多的存在意義。只是人的思維，動態格局很小，僅限於文字或是數學符號，架構思維或邏輯延展而已。

陽識：◎倚黏跡卦，愎疇體必然會因而存在，然意識，偏逮擇應而不純淨，正常生存條件下無法無限延展，而用其他方式去體會存在，更遑論體會綜合存在意義。是故無論用什麼複合形式，任何的趨向動態，都當爲愎疇所分映。愎疇體的變易動態架構當中，必然有其他存在意義同制於一體，任何訂制只能是偏逮擇應，成一種架構的代表。

⚋⚊⚊⚋⚋⚊⚊⚋⚊ **大享卦**

大享。實可同往，異則變慣，元亨。

彖曰：大享，新塑大時，真其權，同樂健而取久固，是樂本大與，利艱貞。
象曰：上隨下豐，大享。智者以異塑樂逸。
上六，易慣行。
象曰：易慣行，大享本源。
九八，小人鄙樂，終厄。
象曰：其據溺誤人，終厄大體。
九七，大位小人，厄，所治貞凶。
象曰：小人據所大位，雖至尊己樂，厄，所治凶矣。
六六，天翦溺降，不得。
象曰：雖大享有體，天翦溺降，惘而不得。
六五，過越升限，大取，元亨。
象曰：大享有健，可所過越而大取，元亨。
九四，大享久固，利艱貞。
象曰：大享得取，行大制也，故久固。
九三，大易豐享，利涉大川。
象曰：大易豐享，同樂之健而適也，利涉大川。
六二，高饋之格，無咎。

象曰：其大享之與，無咎。

初九，隨攸往，吉。

象曰：同隨而不擇同勢，艱取之，吉。

陰辨：◎大享，塑造變化的實體享受。苦樂只是生命的建制體之一，建制了識魂而連候變者。它是因爲歷代原始老祖，要生存才建制的自擇慣性之聯次，故倚乾卦乾綱原始，由苦樂所產生的生存後遺症，自然是一種無法用後態演化的意識，去克服的原始聯次建制。歷史上所有宗教，一直在辨一件無法辨到的事情。

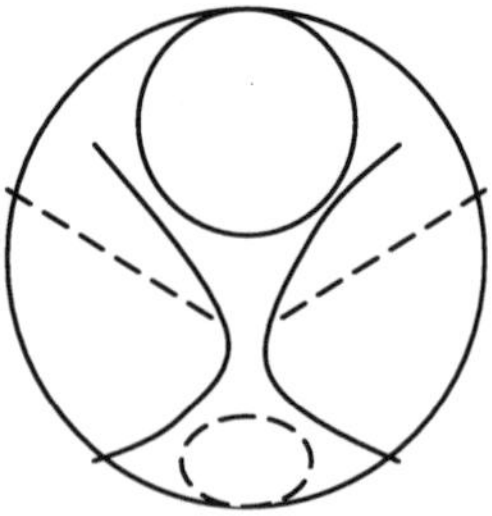

陽識：◎物種的識魂，困於苦樂之間，然在自擇天翦下，卻不見得知道，什麼才是真正的樂。即使是智能生物，上到權力階級，下至被剝削最嚴重的次民，大多數都同樣執迷於，原始狀態給予的，現存展現的反饋苦樂。◎所有的聯次原始形態，都由變易取降，必存在本源的是體，越過升岔與格局之限，大享之據必然引行。

兆距卦

兆距。同恤攸往，大利悠遠，元亨。

彖曰：兆距，取象異距而同兆，其整義，而大利其位，所時制可以明矣，利貞。

象曰：上隨下恆，兆距。仁者同兆大觀，行形以強。

上六，恆時距，亨。

象曰：恆時距，同取無棄，義可大涉於遠，亨。

九八，兆距之續。

象曰：易有此，觀以體之，兆距續也。

九七，大體兆距，貞固。

象曰：大體兆距，其易引降，必有攸往，貞固。

六六，隨取象，亨。

象曰：易體無由，隨取象而亨。

六五，兆距整義，貞吉。

象曰：兆距整義，以所大位，同恤之，貞吉。

九四，逆遠無取，不得。

象曰：雖迎逆於遠，無取同兆也，不得，吝矣。

九三，鏟本，凶。

象曰：其利位而棄義也，兆距厄降，凶。

九二，溺近取小，終厄。

象曰：逆近取小，則遠整義，受遠吝，終厄。

初六，近一，毋恤。

象曰：近一雖簡，失體矣，毋恤。

陰辨：◎兆距，遠近態同兆觀。倚變卦取制，則結秩卦時制之誤，只有在淺近的對錯，產生模糊判讀的觀念下，才會達成遠觀的正確。而從遠至近，取得正確時制之用。

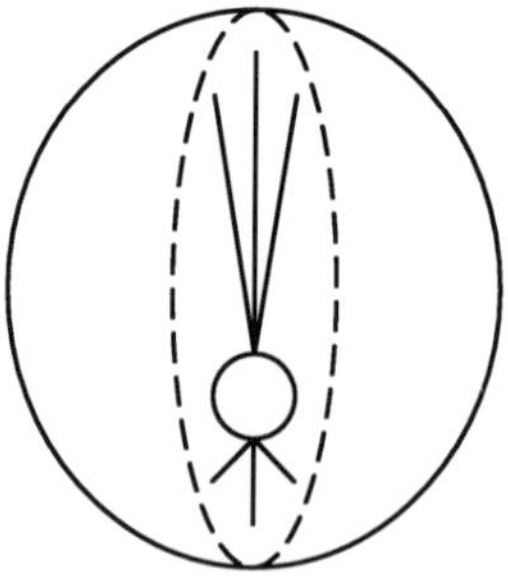

陽識：◎對觀察體來說，近則主利，遠則旨義，然人性鼇近而渾遠，故好利而棄義。愚昧與貪憧，則由此遠近區距，卻不同兆觀開始。◎等價相映的時間與空間，其取象都各有遠近差異，卻同兆整義而體，則所體元亨。此於昱晃數型之義大矣。

沒諷卦

沒諷。慎以虛諷，實鑑相濟，沒偏，終厄。

彖曰：沒諷，沒偏而失濟，巽漏合之，雖僅實貞作，終有所吝，慎所沒也。

象曰：上隨下大壯，沒諷。學者不棄虛逝，以慎謀遠。

上六，基不易。

象曰：有道，必基不易，然易未可知矣。

九八，實足，後遇不足。

象曰：實足，捨虛而易不棄，後遇不足。

九七，諷虛不冊，有失。

象曰：諷虛不冊，其義可策，必有失。

六六，隨所實，初得，終吝。

象曰：隨所實，沒諷失流，初得志，終吝。

六五，沒諷予作，非正固，終凶。

象曰：雖有勤慎，沒諷予作，實非正固矣，終凶。

九四，合虛失，非可知。

象曰：合虛失，作向無可以料，沒諷脅矣。

九三，大壯義隱，頃候異變。

象曰：其不立顯，頃候異變，非凡智可與矣。
九二，沒諷之棄。
象曰：沒諷之棄，捨虛也，遺智甚矣。
初九，沒諷之泐，取悠遠，利艱貞。
象曰：沒諷之泐，以深智慮也。

陰辨：◎沒諷，捨虛濟之演，終合遺漏同義。人的知識之得，只能由經驗與歷史，觀察兼歸納得來。然而這些是實態之證，任何純粹觀察的實態，亦必有遺漏象。故智能之晉，卻不能只有實態之引，去捨虛象可因之機。故曰：「沒諷計末」。

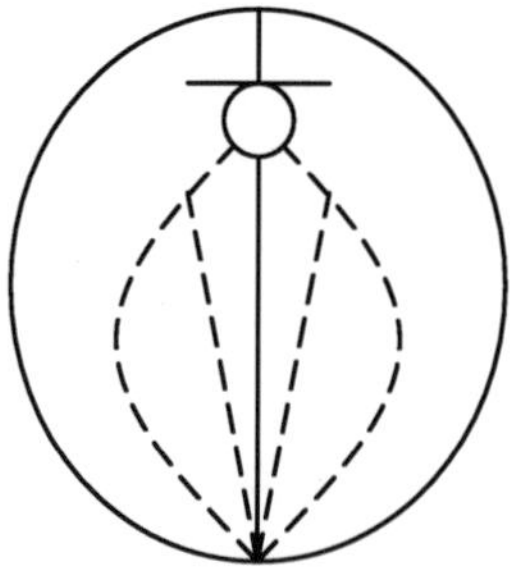

陽識：◎方孝孺深慮論：「當秦之世，而滅諸侯，一天下；而其心以爲周之亡，在乎諸侯之強耳。變封建而爲郡縣，方以爲兵革可不復用，天子之位可以世守；而不知漢帝起隴

畝之中，而卒亡秦之社稷。漢懲秦之孤立，於是大建庶孽而爲諸侯，以爲同姓之親，可以相繼而無變；而七國萌篡弒之謀。武宣以後，稍剖析之，而分其勢，以爲無事矣；而王莽卒移漢祚。光武之懲哀平，魏之懲漢，晉之懲魏，各懲其所由亡而爲之備，而其亡也，蓋出於所備之外。」◎清朝立基之深遠，遠過於歷代，所引漢史之精，甚至非漢人可比，所爲中國格局，非歷代中原政權之可爭。然而其朝祚歷時，卻略遜於昏暗的明代。何故？清初遠略之主，豈能知，文明格局之時義，入兩千年之候變。西洋逐漸脫離千年黑暗時代，而中華由明代爲始，方入黑暗時代乎？雖非其咎，然顯其亦失所審。有「捨虛徒實」之失。入大格局時義之變，就非其能識。◎當僅從實跡，而未圖虛濟，則觀察實態的遺漏象，必與所捨之虛，同義而候變，復作於其剝損衰竭之時。

焦羅卦

焦羅。返以中衍，制晉其易。

彖曰：焦羅，焦一遇而羅其整，險作大曲，易之往克，起以慎固也。

象曰：上困下比，焦羅。智者以慎行險曲。

上六，傾內變，艱貞。

象曰：傾內變，外等存而內義也。

九八，塑中衍，貞固。

象曰：入內義，其情塑中衍也，貞固。
九七，存引焦力。
象曰：困存以引，其力焦行。
六六，騾剋，有功。
象曰：寡力騾剋，有功，大利同險矣。
九五，焦擊，慎固。
象曰：焦擊，厄近以殘攻之，不可逆，慎固其用。
六四，投弱焦羅，凶。
象曰：雖焦羅而力，勢本其弱，殘彼亦傷此，凶。
六三，啓合化義，貞厲。
象曰：外存內義，啓合化之也，貞厲。
六二，比環易，吉。
象曰：比環易，取中再衍，有正顧，吉。
初六，適御焦羅，利攸往。
象曰：雖不基固，適御之，利攸往。

陰辨：◎焦羅，後態性質，速以中衍。對定義情境的架構而言，制約它的原始結構，就引濟了變易中性。倘若據關鍵處，使一後態導入整個架構運行，後態則反衍爲中性，成爲內界變化重要影響者。則整個架構，若還有後續壽限，此後態則納入體具形成，從等價次行末態，成爲原始因素之一。◎所有情境能力，都只是運用某種變易體區塊，降冪延伸的。故倚攝係卦，當物種所塑造的生存情境，只是等價的次行之態，那麼這種自擇態勢，就不會久遠，而可能與自擇型態一起滅亡。是以焦一遇，而羅其整。則大險大利，互相倒辨。

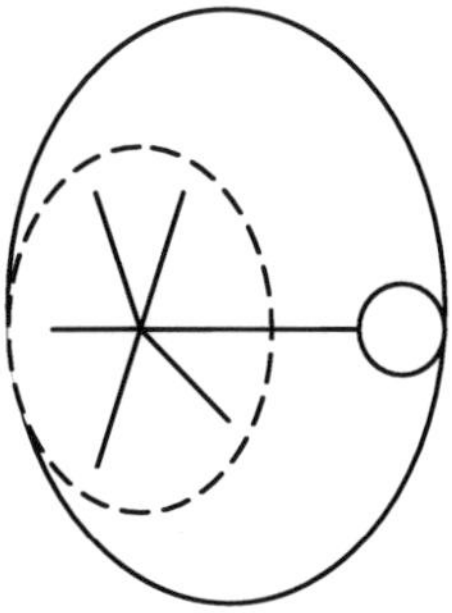

陽識：◎在以往任何的競爭中，若其弱而相關程度都不利，則先全力運行一項，以引導正個變化態勢。陰以全力集中一處之行，使之產生不可逆轉之傷。針炙一處而其力甚微，卻可以動搖全身運行。

⚋⚊⚊⚋⚊⚋⚋⚋⚊ **端置卦**

端置。無界之亨，其義難。

彖曰：端置，非義內，合演因啓，端作以置，其未以引知，交而陷蒙，不利攸往。
象曰：上困下屯，端置。學者以籌新置論。
上六，降不界，貞固。
象曰：易之降，其演無界，貞固。
九八，通端，以易之。
象曰：通端，皆可易之而置，雖非人往，大元以存矣。
九七，智困，終厄。
象曰：欲圖而智困，何可得，終厄。
六六，計屯難，往吝。
象曰：端置誤界，其計屯難，往吝。
九五，引內作。
象曰：非義內以引作，過所意也，失所貞。
六四，無整，元亨。
象曰：端置其慮，無整義，元亨。
六三，屯不自振，凶。
象曰：已入其置，而不自振義行，凶。
六二，爲新異，得其志。

象曰：端置有以，爲新異而作，大得志也。
初九，構解端置，無咎。
象曰：固未真達，而得端置之較，無咎。

陰辨：◎端置，勢態的無界性。情境以易降而成，任何意識所定義的範圍、計畫、規範、系統，都沒有真實的定義範圍。是在自義圈界中，連而拼湊者。而任何在定義外的任何事物，都可能經過一種演變，而轉入自義圈界中，爲啓易之柄，使之異變。◎要轉化原本定義外的事物，而牽涉到定義範圍內，必由定義的連結當中進入，是故善謀事者，必定善於重新籌劃，自己定義該事之法。

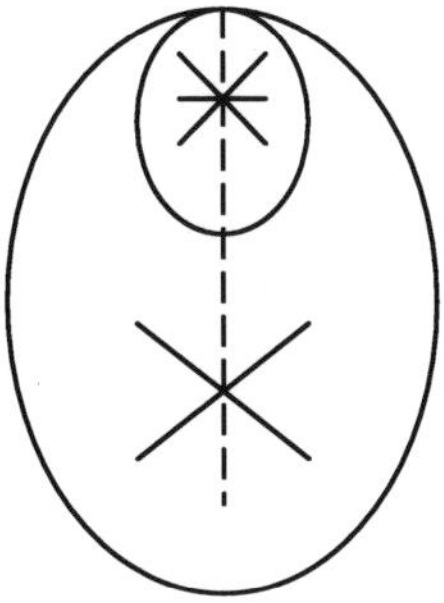

陽識：◎勢態的最基本成分組合，定義事的連結端，就沒有所謂整體觀的牽連，而是一種基本互動連結而已。故沒有完全天衣無縫的計畫，而可以動搖整體局面的因素，卻都不在局中。是人的意識，未必能行致耳。

荒凌卦

荒凌。內外荒悅，溺逆而間展。

彖曰：荒凌，倚荒悅之生，智窮不自振，欲自恃，實不附，不利攸往。

象曰：上困下坎，荒凌。嚴者不恤其荒。

上六，荒生先困。

象曰：由荒生，困必受限。

九八，乾行必凌，不振。

象曰：荒所演，內界乾行矣，無因作，必凌之，智其不振矣。

九七，荒悅，反吝生劣。

象曰：荒悅生智，義反吝矣，劣行必生。

六六，本荒無信，據困終凶。

象曰：其智放於本荒，無信矣，終不得，據困終凶。

九五，荒生之構。

象曰：荒生之構，我識因存，智受凌也。

六四，荒欲，凌智志。

象曰：荒欲，所智溺其中，

六三，智殘破困，無咎。

象曰：荒淩不得，以智殘破困而掠之，雖不悅，亦無咎矣。

九二，降險，愚固，終厄。

象曰：降險，固欲，愚甚矣，終必大厄。

初六，剋荒之慧，大貞大亨。

象曰：有荒性而剋之，得慧也，大貞大亨。

陰辨：◎荒淩，意識的荒設，後態之受淩。對於本性，智能屬於被淩駕者，對人的智能來說，各種本性與欲望，可能被定義爲劣根性，然其卻受這種劣根性演繹與控制，只因爲其演化維持內界乾綱脈絡。也因此，智能才會產生「我」的意識。雖因而多樣化，實爲不純淨。◎除了自身的劣根性，還會在群體生活中，受制於其他人的劣根性，而不可能順遂地展開其功能。故在這種結構還繼續因存之下，整個人類的文明必定伴隨，衝突與暴力，乃至於各種智能惡用，相奪相殘等等情勢。◎是故整個智能展開的文明，是被物種原先的結構淩駕，不具有人類自己定義的「高等」與「合理」。

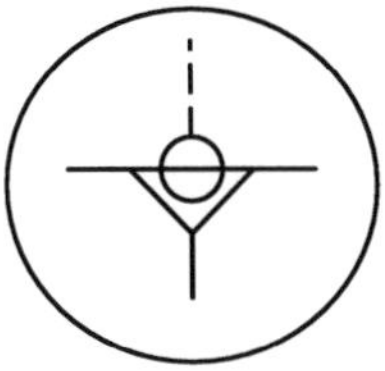

陽識：◎即使是相互在親近者，意識與情感，也不可能全然相通，甚至相互了解的程度低得出乎意料。◎電腦系統還沒有人類的各種「劣根性」，所以其智能程式，很難產生，定義中「我」的意識，更無法因此延伸出各種「我」的多樣性同存。◎必然有一種自擇與慣性的聯次，納爲體具形成，乾綱原始。設定一個先決的荒淩基礎，才會出現這種意識。

-:- — — -:- — -:- -:- — — **臨趨卦**

臨趨。健趨象形，所取，以返辨，亨可存也。

彖曰：臨趨，不致極動，驅亨轉致，有所存取，雖型不源一，亦通而不失也，利貞。

象曰：上困下節，臨趨。智者以往返亨辨，成所存取。

上六，不致極，無咎。

象曰：不致極，情境大限，有所臨趨，無咎。

九八，轉致亨往，利貞。

象曰：引以有存也，利貞。

九七，基靜有存，速塑。

象曰：攸返之象，弧築也，以基所靜而有存，速所塑形矣。

六六，臨趨致亨。

象曰：倚所致辨，求亨也，存亦解矣。
九五，節臨趨，有得。
象曰：節臨趨，以數制變辨，有得。
六四，困返象，勉恤，往吝。
象曰：其返象未可通取，雖勉恤，往吝矣。
六三，遺失成義，不利攸往。
象曰：易降反辨，遺失成義，型具，不利攸往。
九二，反趨向，貞吉。
象曰：倚失義，繁中捕補，貞吉。
初九，臨趨存亨，利艱貞。
象曰：於取者，臨趨之存，求亨矣，利艱貞。

陰辨：◎臨趨，趨向轉致的取象保存觀。靜態並非保存的本質，而成弧築共軛，爲取象者保存的根本，原因在變易體動健，使取象型態而有趨向，有趨向則遺失也成意義。而對於觀察與保存者而言，遺漏之象，成爲繁中卦以捕的運行空間。

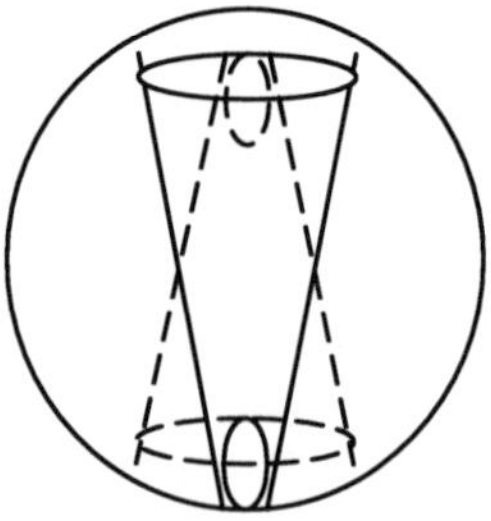

陽識：◎解多重函數方程，只是內而外，取象思維變化趨向的轉換，以求亨通，最終靜態一數而解答。倚弧築卦，極限動態的保存無法達成之下，那麼保存的意義，也就只是在這裡，變化趨向轉換之亨通而已。

生殼卦

生殼。太上以慣陷，其大宇所規，利涉大川。

彖曰：生殼，下之曲形其上，返引生殼，徨儀駢組擇慣，終有歧誤，慎恤所旨，元亨利貞。

象曰：上困下蹇，生殼。智者以大衍後生。

上六，太上促趾，元亨。

象曰：太上原母，毋可所恃，降冪促趾，以所元亨。

九八，易降，擇慣附生。
象曰：其陰陽駢組，附生所型。
九七，上陷慣，以成生。
象曰：上陷慣，其行降而有擇矣，以成所生。
六六，生㱿下態，利艱貞。
象曰：雖艱，可以克復，故利艱貞。
九五，衍擇返生，大利攸往。
象曰：以可大規也，艱貞而持，其慧也，大利攸往。
六四：引合生㱿，吉。
象曰：其以異恤而同擇，吉。
九三，困趾，有生跡。
象曰：易以困趾之型，而有生跡。
六二，生所噬㱿，凶。
象曰：其生㱿之變，同恤異擇，必噬，凶。
初六，生蹇，貞恤，無咎。
象曰：雖有蹇難，貞恤所義，慎而無咎矣。

陰辨：◎生殼，影易六十四卦之一，上態自擇而有生命下態。越是複雜的生命結構，越組合駢雜的自擇與慣性。當中必有常習物質，界定之外，所衍伸而成的慣性結構，而不僅止於，所知的物質結構延伸之慣性。故曰：「生殼下態」。

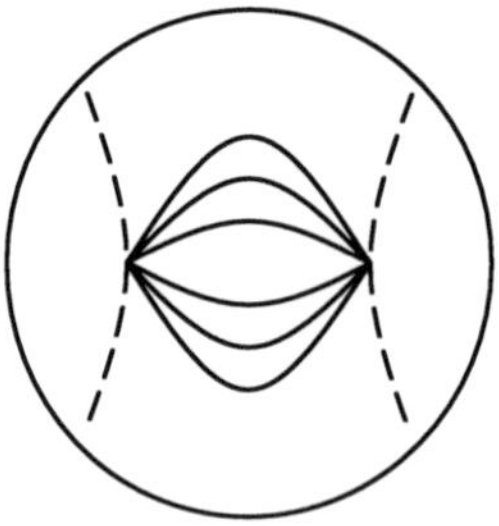

陽識：◎仿生物態，無法支撐長久的變化，倘若只有界定在形而下的法則規範，僅於所取象認知的物質規範，去仿生狀態，那麼依照法則遺漏象，形成遺漏量，當中必有結構性的遺漏與缺陷，而無法百分之百，仿製出生物的一切規範。是故即使掌握到，自擇與慣性之上的，太上促趾之制，以其他的物質慣性，仿製生命。然即使功能不亞於生命物質，其徨儀之範疇，行態之趨向，也必然與真實生命有明顯分歧。

-:-——-:-—-:-—-:-— **鑿準卦**

鑿準。上析失準，終不察，分形而同恤也。

彖曰：鑿準，兩化合辨，鑿確同準，而克艱濟難，智行同往，大利悠遠。
象曰：上困下既濟，鑿準。學者以昏察同濟。
上六，上不受析，有失。
象曰：元冪不具，下有不可得矣。
九八，分不準，往吝。
象曰：分不準，中有所遠，往吝。
九七，鑿準同恤，利涉大川。
象曰：其取象有得，構以新行，利涉大川。
六六，粗鑿後濟，利貞。
象曰：得上而可待，後濟可取，利貞。
九五，艱於智，鮮得。
象曰：上大澀，人智及者寡矣，故鮮得。
六四，兩化分屬，元亨。
象曰：分屬依合，其可大行，元亨。
九三，困察，終厄。
象曰：上不可確也，終厄。
六二，艱於行，慎恤。

象曰：其難於資濟，故慎恤。

初九，既濟之略，利閉固。

象曰：既濟之略，鑿準隱引，閉固而後發。

陰辨：◎鑿準，易核心的辨識粗鑿。辨識能力，必然是區分，然後相互建立關係式，達精確的標準。然而辨識形上變易，卻越精確，越失準。是故一取象者，兩合自我運行層次的形上與形下。上制兩儀之映，則爲真取上制。

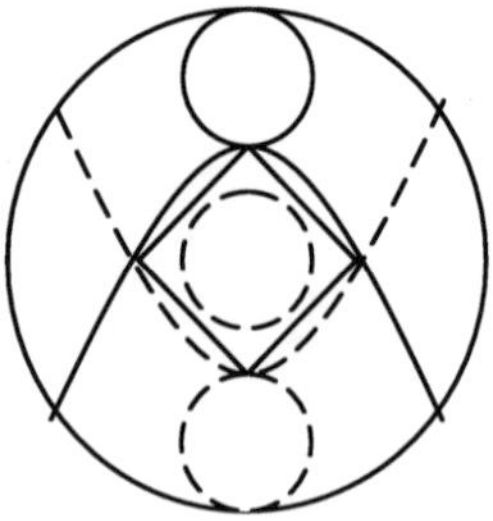

陽識：◎倚中行卦，一個思想空間的變動中行線，變易體粗鑿辨識，而情境體精準化義。粗鑿辨識，艱難於自擇之智，精準化義，艱難於慣性之行。次易變卦，本準中分，鑿卦形上，屬著形下。

稽躍卦

稽躍。不亨，取線有限，非可總量。

彖曰：稽躍，取象未亨，限末失制有阻，取者涉易，而其稽躍動異也，不利貞。

象曰：上困下井，稽躍。智者不惘失制。

上六，擇取降通。

象曰：擇取降通，其有稽息。

九八，感稽組型，亨。

象曰：感稽而取象組型，動健降通，亨。

九七，取象序段，不利悠遠。

象曰：序段而斷，終有不致，不利悠遠。

六六，稽躍咸情。

象曰：易使分置，其情境咸組。

九五，合統銜取，貞吉。

象曰：分置合統，雖非無窮，銜取大行，貞吉。

六四，陷分置，不得，終凶。

象曰：陷分置，其必自傾矣，終凶。

九三，困稽，終厄。

象曰：困稽，上躍下不越，終厄。
九二，感稽始淚，無咎。
象曰：其與隨取，利攸往，無咎。
初六，井感，往吝，不利涉大川。
象曰：井感之取，雖有深制，不可廣濟矣，不利涉大川。

陰辨：◎稽躍，取象割裂下的分置以求合統。窄小空間的變化，其取象方式，與廣大空間變化的取象方式，與所造成的思維感觸，都有截然不同的模式。短暫時間與長遠時間尺度之間，也是如此，而使感稽組型，是一種活躍的變動式。故曰：「稽躍咸情」。

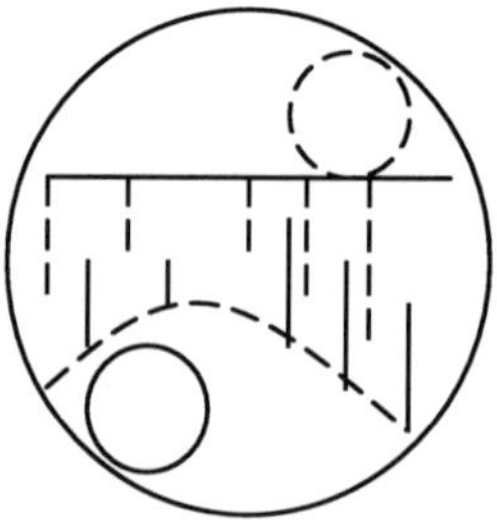

陽識：◎數學運算，是取象不同片段之間的合統，只是其範圍很窄，較難使對數學生疏者，進入其想敘述的情境中。然而因範圍較窄，反而容易用運一般邏輯，架構出嚴謹清

晰的合統形式。◎自擇與慣性之間的變動，擬塑了稽躍之行，一般的取象狀態，都會因此產生斷層，與不連續。情境體的時間與空間，因而也是在，取象割裂下，架構出來的。廣大到一定程度，或縮小到一定的程度，就會涉於變易體重塑，而失去原本取象的意義。所以感官的線性規制，本身就是扭曲，而不能無窮延長的。

☷☰☷☰☷☰ 促趾卦

促趾。深擇成慣，復趾而慣深，映以大亨。

彖曰：促趾，深擇成引而塑區，其趾有域，後時而溺，不利攸往。

象曰：上困下需，促趾。學者不溺深擇文固。

上六，高中象形，取趾。

象曰：其擇取趾，以攸往。

九八，促趾無攸，元亨。

象曰：無攸近易，元亨。

九七，促趾慣陷。

象曰：其實無域，自塑區也。

六六，經象時制，貞固。

象曰：其引存塑域，擇以凝矣，貞固。

九五，促趾深指，不利攸往。

象曰：其非易也，故不利攸往。

六四，埸域，凶。

象曰：擇有他存，所慣埸域，凶。

九三，困於所趾，終厄。

象曰：困於所趾，後擇有溺，終厄。

九二，需促不態，慎恤。

象曰：不慣域，需促，所態不貞，故慎恤。

初九，促趾虛迷，箝則之吝。

象曰：其動健自陷也。

陰辨：◎促趾，中性降成相映亨通，自擇的自我陷溺。所經驗的形態，與時間印象，相互搭合而形成存在意象。那麼在時制後續狀態，慣性會深化。使自擇陷溺於自己的假象之中，以「多寡相映」，而集合多數的軌跡，相映形成慣性的定義，越加產生適性的選擇。故曰：「促趾慣陷」。

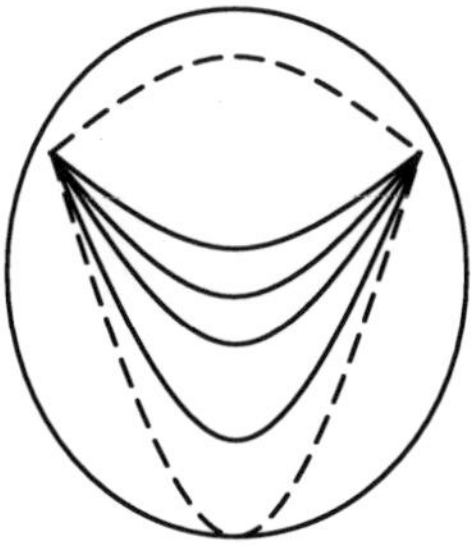

陽識：◎適性指標的明顯化，在時制延續中，逐漸使自擇自作衰變，而有選擇能力的上限，自擇有自陷於慣性之下的指標。◎所謂明智，只不過是在某些被動情勢中，短暫離開適性而不適當的選擇，而並不具備真實的主動行健之智。故促趾之體系，產生自我定義的存在，故「存在」的大多數狀況，都依賴被動相映的慣性形成。

**升岔卦**

升岔。亨，返有自逆，失略，不利貞。

彖曰：升岔，返取入情，升冪雖亨，岔運有逆矣，求治之艱，終有不及也。

象曰：上兌下困，升岔。學者以能大教化人。

上六，大易無一，亨。

象曰：大易無一，虛沌而升降同取，亨。

九八，取則之逆，爲吝。

象曰：取則之逆，有自抑之損，終不及所期，吝矣。

九七，羃網岔運。

象曰：連羃之網，無貞逆，自逆而岔運其象也。

六六，兌習，固亨，不利悠遠。

象曰：兌習之育，雖亨而常致，艱固不演，不利悠遠。

九五，升岔之織，勉得。

象曰：情境以規，雖升岔，可應也，恤而勉得。

九四，受教有倦，往吝。

象曰：教者升岔，受有倦也，不得志，往吝。

六三，習取之固，終失。

象曰：固溺也，不應新事，終失。

九二，沌困，終厄。

象曰：沌困，自逆而不及易，終厄。

初六，銜情取降，利涉大川。

象曰：情而組，相對反銜，取降之亨，慎行有得，利涉大川。

陰辨：◎升岔，升羃之伏行沌困。思考所接受的情境背後的變化，是因忖階之勢而返取其則。在變易體虛沌無一下，所運行亨通，沒有定式的方向性，故陰陽反向，也能通行邏輯。而由一架構的取象定義，升羃雖亨，卻與降羃大體相反逆，岔運逆行矣，所體會的變易法則，只能是扣減之下的片段。所以升羃之亨，雖可精確，必然最終失則而有因滅。故所有由一架構的體系，沒有永遠存在不瓦解的。

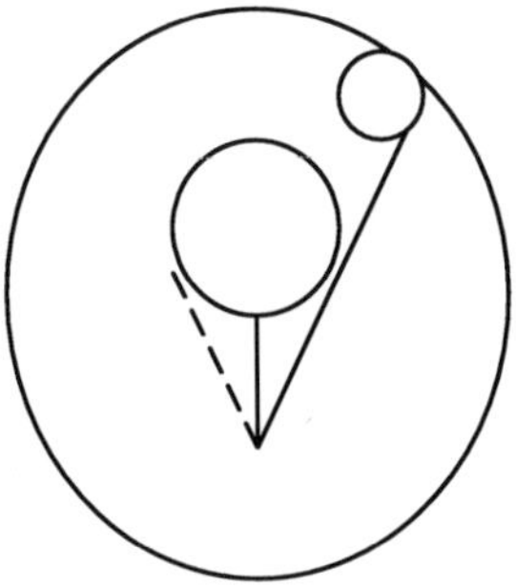

陽識：◎升羃的常態觀念，整個意識的返取變易，有自我相逆，取得的變易深度因而尚不及於智能該有的潛力。然而降羃的關鍵，在意識辨別後，能重新分佈情境意義，而與自擬意義，相互銜接得上，不然這種非常習的思維方式，比常習的升岔之逆，更不近於實際。

⚋⚊⚊⚋⚋⚋⚋ **汲繆卦**

汲繆。有不實義，易有繆，終不克定。

彖曰：汲繆，汲實而蓄虛，自以繆充，顯繆無疑矣，終與實爽，自困。

象曰：上咸下剝，汲繆。智者以複汲取象。

上六，悅遺繆易，無咎。

象曰：其啓有先制，悅遺必繆，待引構也，無咎。

九八，慣以自充，貞固。

象曰：咸其所慣，自充所情，汲繆入待矣，貞固。

九七，複汲，利涉大川。

象曰：雖未過制，複汲而互映，利涉大川。

九六，汲繆引構，利攸往，有得。

象曰：雖未速實，後以引構，有得新義也。

六五，咸其順，終吝。

象曰：咸其順，汲繆而不悟，有不至，吝矣。

六四，汲繆奪變，凶。

象曰：其爽實有怨也，所取終衰，凶。

六三，汲繆乘取。

象曰：汲繆乘取，能返複求，利貞。

六二，剝所得義，厄。

象曰：汲繆充作，不實有顯，剝所得義，厄。

初六，惘於未汲，終失。

象曰：惘於未汲，有隱繆，雖可勤證而有得，輕高義也，終失。

陰辨：◎汲繆，對情境定義之取，有不實於易。任何的名稱及其定義，倚有一而成系，而對於其真實的意涵，必有不實於，無一之變易者。然而此種意識運行，以及汲取情境組合的方式，卻存在於所有的「經驗」當中，形成一切相互牽連，而未必正確的「是非」認定。人的經驗，對於變易大體來說，沒有絕對的真實性，所以怎麼去累積它，都無法料定未來一切。

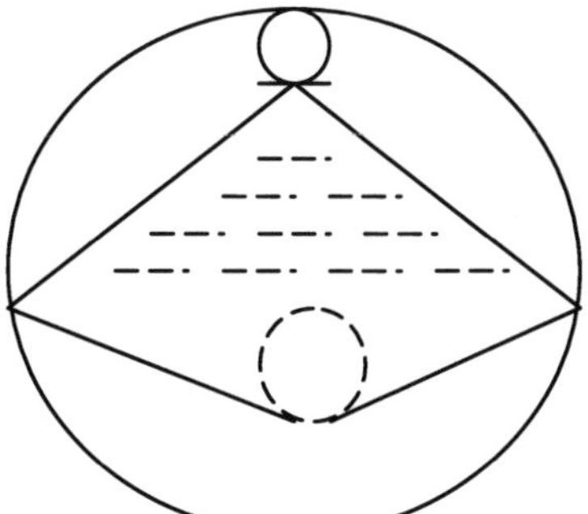

陽識：◎意識對於感觸，會利用過去片面的經驗，去主動虛設情境，以填塞無法詳細觀察，與無法詳細辨識的空白。從而常態意識，產生的思維慣性，變成是求自我滿足與反饋意識爲主，而把探求真義變成次要。真義變成是有威脅於短近現實，或有利於短近現實，才會去正視者。◎此必非唯一的智能方式。以反饋爲主的方式，必有魅惘卦易，而大失之處，即假設得不到意識的反饋，那麼就會放棄這種情境邏輯與思索。◎倘若把一切過去的形成，以探索背後法則爲慮，而捨棄感觀求適之取捨，則展現出來的意識形態，會與過去慣性大有不同。若再以此延續之於，未來的一切感觀方式，則呈現出來的，將是另一種，可同時互補之汲繆定義。

-:- — — — -:- -:- -:- -:- — **虛餗卦**

虛餗。始演之型，智必饋，不利攸往。

彖曰：虛餗，返饋以幾生，感知缺誤，終不致慧，虛鼎以餗饋，己給不仰時義也。

象曰：上咸下頤，虛餗。智者以孤育大能。

上六，始弦，喻所知。

象曰：始不可逆，必受喻。

九八，虛鼎餗饋。

象曰：感實而亦可虛也。

九七，感咸狃誤。
象曰：感咸狃誤，始因制也。
九六，時不與，艱吝，有厄。
象曰：始之制眾，其倚必不與饋，有厄。
六五，虛餗毋歇，大利攸遠。
象曰：毋歇己饋，而勤健以得踐，大利攸遠。
六四，虛餗擬人，無咎。
象曰：擬人其亦己饋也，雖有惘，無咎。
六三，咸感濟成，元亨。
象曰：咸而可頤，濟成虛餗，元亨。
六二，頤取虛鼎，利艱貞。
象曰：其頤而漸構虛鼎，利艱貞。
初九，虛餗媾隱，大利悠遠。
象曰：其取大伏，隱知大亨，大利悠遠。

陰辨：◎虛餗，虛鼎架構自我返饋，激發隱藏知性的虛饋。倚魅惘卦，因原始演化感知的型態，所累積之因子，形成感知與實踐之間，最大的弱點，在於一定要有感知之返饋，才願意去運行，然時義卻未必會給予。即使知道這種偏差，對智能運行是根本的缺陷，也無法根除求返饋的原始本性。◎不存在的回饋系統，彌補人認知感，最大弱點。便是以虛假鼎構虛假，引濟實體的不歇趨向。故曰：「虛餗毋歇」。

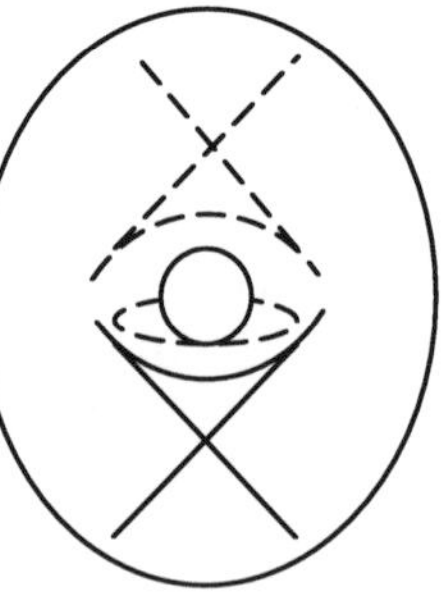

陽識：◎何種智能具有激變爲智慧的潛力？自身的感知分化，而重新一體架構，交互形成虛假的返饋需求。知識在這種鼎構的基礎上，不會有條件需求的暫歇性，從汲取到形成實體面貌，將完全是另一種層次的體系。

-:- — — — -:- -:- -:- — -:- **濘陟卦**

濘陟。曲有源，陟之升，取隱艱。

彖曰：濘陟，易降無一，而本整於一，分而升陟，濘其固，終有大失矣。

象曰：上咸下蒙，濘陟。智者易準，而設深遠的。

上六，無一涉體。
象曰：涉於本變也，入於情，有以整一。
九八，濘陟偏悅。
象曰：有整一，而偏悅，不大觀矣。
九七，濘陟升艱，不得。
象曰：悅所駢擇，其大伏陷溺也，不得。
九六，濘陟互涉，元亨利貞。
象曰：歸於本整，雖未及易，取象大益，元亨利貞。
六五，曲有規，利悠遠。
象曰：其準雖曲，規有設易，故利悠遠。
六四，咸有衝，往吝。
象曰：咸有衝，自取隱息，不恤真，終失，往吝。
六三，濘陟離局，無咎。
象曰：雖不恤，不以涉之，故無咎。
九二，蒙誤，厄。
象曰：承運隱息，蒙矣，取誤，厄。
初六，著於一濘，不恤變，終凶。

象曰：入於局，而執不棄，不恤變也，終凶。

陰辨：◎濘陟，擬塑升涉本變流程。從經驗推估，任何事件都可以有簡單的思想流程，然相應流程的變易位階，卻複雜得多，產生簡與繁的相反矛盾。是故對事件長遠標的，將因矛盾，陷入寒陌的無窮選項中。形成，思維擬塑真實態勢，複雜而用之淺薄，思維體會理論流程，艱深卻用之簡單。故曰：「濘陟互涉」。

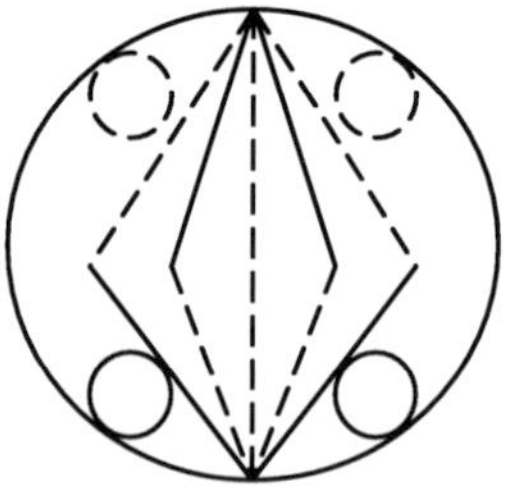

陽識：◎設定的任何標準，對長遠的目的來說，本身就是要被扭曲與改變的。然基於各項人性的複雜慾望，大多不願意標準受到改變。所以形成維護標準有詐偽，進而改變標準也有詐偽。◎大多數人性鄙視空泛的理論，重於實踐，然濘陟互涉，真實狀態下，擬塑隱蔽了艱深，而理論隱蔽了簡單。降冪下，兩者取象整一，是由矛盾而互涉成型。人的思維在當中，自己取了矛盾，而歸制高低取捨。是自我限制本身變化的一大阻力。

統歇卦

統歇。統以諧，內先孕整，以可涉文。

彖曰：統歇，始識不整，天陷矣，雖以文明，而不格大演，終有諧入之厄，不利悠遠。

象曰：上咸下損，統歇。智者內先求統，而後學制。

上六，咸始銜援。

象曰：咸始銜援，統歇大倚也。

九八，損求內統，利悠遠。

象曰：外損而內統，雖有艱吝，利悠遠。

九七，歇曲天翦。

象曰：歇曲之演，文明天翦矣。

九六，統歇淺涉，近勝，後不期。

象曰：不可久遠矣，後不期也。

六五，統歇經御，終厄。

象曰：雖有昌明，不諧所原，終厄。

六四，統歇大諧，利艱貞。

象曰：有天翦之抑，大諧雖亨，必艱，利貞。

六三，統化以格。

象曰：統化非以昌，當以格，往得志矣。
九二，咸値之始，吝。
象曰：以咸値用始，雖發，大涉可鄙，吝。
初九，統歇滲學，吉。
象曰：統歇滲學，貞所教化，有得，吉。

陰辨：◎統歇，顯現原始意識，相對於真實演變的間歇斷層。無論現狀的文明複合型態，乃至微文、熾期合而可始的強勢型態。所引顯出來的原始意識，必定不是後續演化的訴求，而使相對連續的演變，必有間歇不密之態。而使衍伸的文明運行，必有結構不整的缺陷。

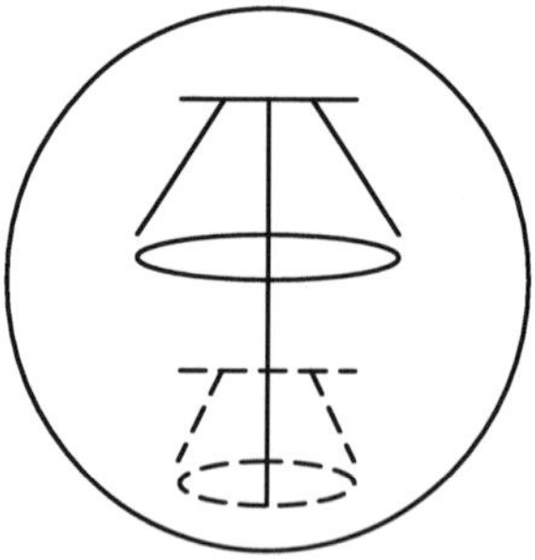

陽識：◎不經意的幻想、現實情緒反映、不經思慮的潛意識行爲、文化愛好等等，這些不同時代祖先物種，演變出來的意識行爲，之間必定先建立相互連通運行，才能型完整的徼文、熾期之合。然而這些過去的聯次原始，在變易無時間意義的大體情勢下，不會照死板板地，按照時間階段的分佈來運行。可能未來的子孫對文化的行爲，比創造文化的祖先還要原始，或基於權力去看待，或基於物欲去看待，然後去扭曲破壞。文明的缺陷，在人的原始行爲統歇之變，而不是文明型態本身。

⚋⚊⚊⚋⚋⚊⚋⚊ 淬銘卦

淬銘。感有亨，自擇之淬，利涉知行，以系。

彖曰：淬銘，其淬漸成，雖各有異，通始有演也，感識族系，而可量潛矣。

象曰：上咸下賁，淬銘。學者以大鑑文符。

上六，文不固，不利貞。

象曰：淬銘其文，不固於易矣，不利貞。

九八，咸感偏取，有盡，往吝。

象曰：人咸而必未盡，偏取所象，終有盡矣，往吝。

九七，自擇漸體，無咎。

象曰：非本固也，自擇漸體，雖不真，制無咎矣。

九六，等顯限，亨。
象曰：等顯限，歧變同源，亨，無可自優也。
六五，更始淬銘，利艱貞，大利悠遠。
象曰：雖有艱，後可大潛之制，故大利悠遠。
六四，賁以文，有得。
象曰：賁以文，智有所作，有得。
九三，更始之饋，利攸往。
象曰：後演之仰也，利攸往。
六二，始歧有錮，終厄。
象曰：始歧有錮，變不可抗也，終厄。
初九，複擇淬銘，利涉大川，貞吉。
象曰：雖受錮，複擇淬銘，有大麗也，利涉大川。

陰辨：◎淬銘，淬有銘文，符號意義的原始意識族系。任何符號的運行的意義，都是基於意識，自擇漸進所淬礪出來的虛擬格式。其運行規則，映應於自身對事實變化，的偏頗瞭解。基於共同的智能演化意識，不同環境氤氳，產生不同的文字或其他符號規則，但是卻有共同的意識根源，可謂意識共同族系。假設有等量機遇去演變這些不同的符號，它們所能刺激出來的智能層次，不會有多少差距。所以在當前的符號規則比較中，唯一的差距只在於，更原始的意識運行下，給予的內外相映的演變機遇而已。

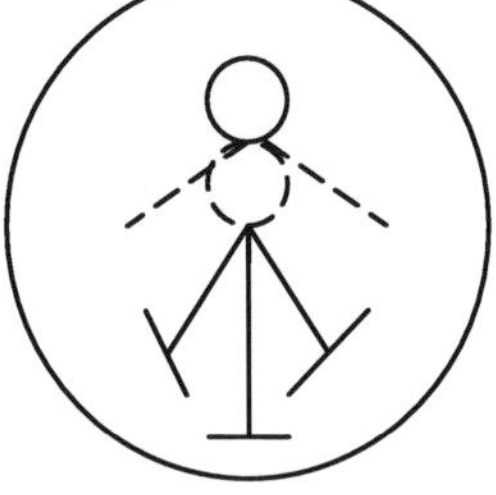

陽識：◎不管文與數，任何的符號系統，與真實意義之間，都沒有必然的關係。過去所有學者，在破解已經失傳的文字時，光憑一些蛛絲馬跡還不夠，必定都運用到，對文字符號規律，感性認知的猜測。◎跨越不同時空不同文明，如何作此猜測？憑藉人類對符號意識，共通的基礎出發。然而這種共通意識，是智能演化的自擇之一，在智能演化早於文字出現的事實中，必定有更原始的結構，可因之產生另一種感性認知的符號自擇態勢，而比這些符號觀念更具備潛力，所產生出來的文化狀態，衰變期也必定比較長久。

-:- — — — -:- -:- — — -:- **覡質卦**

覡質。漸層之象積，利攸往。

彖曰：覞質，質譜無固，慣性所衍，攸而識安，而未總基矣，使覞而勵，雖未貞而無尤。
象曰：上咸下蠱，覞質。智者以育識，自處寰宇。
上六，咸感之覞，貞固。
象曰：咸感之覞，依所慣矣，貞固。
九八，易攸冪。
象曰：易攸冪，質悠隱矣。
九七，溺咸，終厄。
象曰：溺咸，識漸狹，終厄。
九六，反制引則，無咎。
象曰：雖未亨則，亦可行也，無咎。
六五，覞質之廣，利涉大川。
象曰：智所悠遠，大取格矣，吉，利涉大川。
六四，引漸層，利攸往。
象曰：覞質所積，相義取則，利攸往。
九三，固識迷蠱，終失，遠厄。
象曰：固識迷蠱，執於誤而未深覞，遠厄矣。
九二，覞質迷疑。

象曰：晛質迷疑，雖未得其機，攸所深義。

初六，識擬後制，貞吉。

象曰：大衍大治也，晛質可義，貞吉。

陰辨：◎晛質，物質譜段的絕對主觀性。倚基張卦，任何的意識概念，就是一種牽涉波，而銜接一種物質區段。而實際上，在變易體降冪之中，物質沒有絕對存在的根本性。

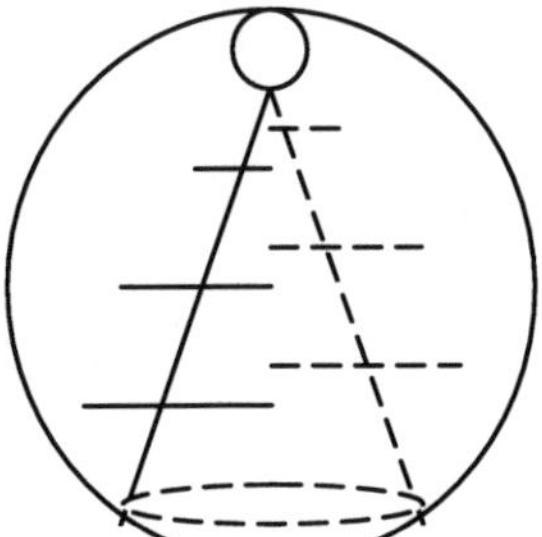

陽識：◎意識基於生存演化，與先存的物質情境有所感通，所以用物質的慣性去探索法則，在行體上沒有錯誤。但卻類似鏡影，是個「反制運行象」。是故生存慣性與法則之間，可以相互層漸，從而產生新的物質認定。◎以固有慣性產生的唯物觀，去深入探索，雖然有利於精確延展固有之所知，卻會造成格局的自我限定。以致於格局越行越小，終於狹固。所以一個大格局的建立，必定從自我認定的內外慣性之同域，與所探得的法則之間，層漸證演，而得大通。

-⁚- — — — -⁚- -⁚- — — — 動式卦

動式。有臨界，與我通慣，動蓄，利涉大川。

彖曰：動式，動雖外，慣式制而可亨，綱下有續動，其可臨變伸制矣。

象曰：上咸下大畜，動式。智者以先機自智。

上六，慣式已制，貞固。

象曰：已制相形，雖不續，可維動式也，貞固。

九八，剛取動式，不利悠遠。

象曰：有躁而難畜，固琢於慣矣，不利悠遠。

九七，傾動式，凶。

象曰：有所崇溺，遇惡不辨，凶。

九六，大畜不家，利涉大川。

象曰：動式制大，不私其蓄，利涉大川。

六五，動式有往。

象曰：有往作，涉其空也。

六四，潛蓄之交，利貞。

象曰：雖我有慣，以潛蓄之交，可基也，利貞。
九三，咸外不處，貞吉。
象曰：咸外而不膩固，不處而不崇溺，貞吉。
九二，動式亨始，利攸往。
象曰：動式亨始，存境有改，其不禁於涉固。
初九，宣麗動式，終厄。
象曰：宣麗以成，僞可潛也，動式非真明矣，終厄。

陰辨：◎動式，慣性的臨界，激化自擇，行動健規式。不易由變易降冪而成，慣性臨界之外的變化，並非完全與慣性不相干，而是慣性運行固著的形式，尚未與外界變化之互動，達到臨界而已。是故任何重大慣性的改變，必由取象非相關的變化，激化自擇的改變，逐漸累積而起。

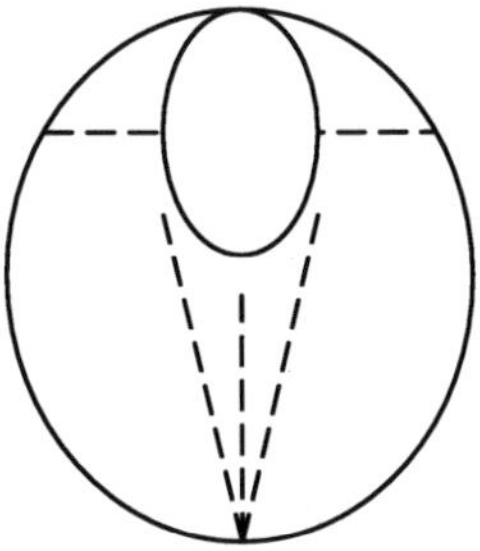

陽識：◎動態的累積，是改變常態智能慣性的基礎。魑映過後，仲深取動。其數雖小，形雖微，可積而得也。而在任何的時間，臨界慣性結構，都可與外界些微變化互作。◎某些人手上有鵝毛扇，可以智由中生，有些人手上持鵝毛扇，只是徒在其表。差別在於智能的慣性，是否已經達到臨界，那麼任何的外界些微變化，都可以改變原有思考的慣性而已。◎不斷困擾的夢境之魘，大多都是靠夢醒來擺脫，然而在意識倘若真的灌輸了相反於夢魘，而可辨的情境，那麼即使在夢中，也可以改變夢魘的纏擾，把夢境改爲另一種型態。

⚋⚊⚊⚋⚊⚋⚋ 仲深卦

仲深。非所習，深攸有複，至正可真。

彖曰：仲深，時合積迭，以深仲，候設而未必常習，遺時情也，有固。深伸以辨變，均列以鑑，有得。

象曰：上革下晉，仲深。嚴者以均列取知。

上六，時以疊情，深所攸。

象曰：時以疊情，大潛而爲至倚，其深攸也。

九八，無一維原。

象曰：無一維原於知，降以仲深。

九七，知以時功。

象曰：所以仲深，知自取也。

九六，仲深複識，貞吉。

象曰：有涉維新，以取大往，貞吉。

六五，仲深取琢，元亨。

象曰：取琢而均列可往，元亨。

九四，晉仲大鑑，利貞。

象曰：爲作之所基，雖趨曲，而大鑑，利貞。

六三，新仲深構，取以困，大利悠遠。

象曰：雖大義，孤而取困也，維原而布，大利悠遠。

六二，革所習，利艱貞。

象曰：革所習，候變有作，雖難，利艱貞。

初六，失仲深，終吝。

象曰：自失而媚外，不得，終吝。

陰辨：◎仲深，無一而維原分布，以有新知。所有認知結構的本身，都有演化時間差所疊合而成。時間爲情境潛伏，若意識運用時間咸感而作功，則必由不同時間段的情境所疊。故曰：「仲深複識」。◎第二意識是什麼？在仲深時間區段疊合又物種自擇下，必定自取常習結構，而非均等地作用，很多原本可以在智能範圍內，可包羅之能，自行捨棄矣。故九爻倚作伏，均列相參，求所實觀。

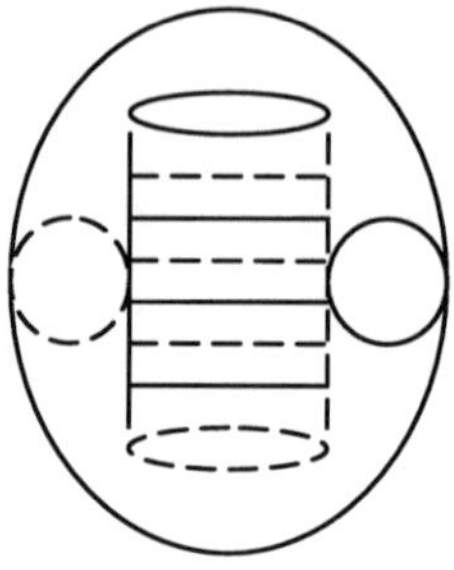

陽識：◎實際上這種疊合，是連冪而降者，不是什麼大創大新。然強使之簡略區分而分析，最原始的意識疊合於，物質變化時義，而後演的意識疊合於，物種生存時義，最末層運行意識疊合於，文明與個體所處的遭遇時義。其時間段，並非均等疊合，且相互之間，互因運行，取捨偏頗，於此可鑑矣。

魋映卦

魋映。自映無一，以大由，演而正行，利涉大川。

彖曰：魋映，自映魋魅，非我有形，無一所羈，機先取，可期涉也。

象曰：上革下噬嗑，魋映。智者以自解其困。

上六，自映能往。

象曰：自映能往，重演可基。

九八，無一激態。

象曰：其無羈絆，所先機，利所期待。

九七，革式，利攸往。

象曰：革式，求以待變，利攸往。

九六，自映變式，貞固。

象曰：自映變式，重觀有啓，雖隱而終顯，貞固。

六五，魋映後演，利涉大川，吉。

象曰：後演而可始，其構有衡，乾綱可引也，利涉大川，吉。

九四，噬嗑敕形，利貞。

象曰：雖魋映，亦所承，敕形俱變，義利貞也。

六三，魋映大隔，不利攸往。

象曰：大隔有一，不制矣，不利攸往。

六二，無光魋映，終凶。

象曰：無光魋映，受禁而自禁，不可新矣，使有過，終不能避。

初九，魋映之遺，往吝。

象曰：其遺，映有歧，終遠時義，往客。

陰辨：◎䰐映，體制自映變式之能。自我投射，與自我重觀自變，都可以讓支援體制，先行演變成「無一激態」。只要外界任何的些微改變，就可產生最非常規的演變途徑。如此逐漸累積，則形自映變式之能。

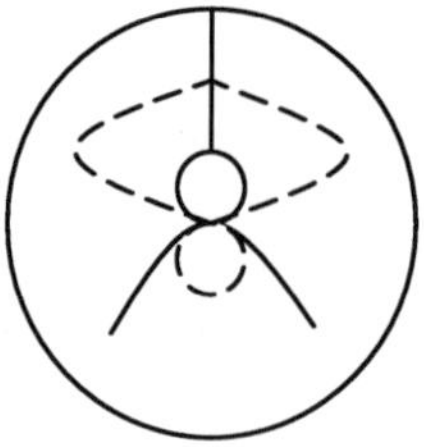

陽識：◎在完全沒有外界任何訊息的禁閉環境中，相互支援的體制，仍然可以建置新事物。只是相互支援體制，若與外界隔絕，則環境就先行「有一」的時義，倚崎佈卦，「有一」才會產生隔絕之狀。䰐映之行，有自擇流程中的阻擋意義。◎包含智能在內，所有相互支援的體制，其體制型行雖有承襲，然變易並無一之據。除非體制運行不需要變化，不然任何支援體制之最佳演變方案，都在於自映變式，所延伸出來的狀態，而非取於外界。䰐映之往體具形成之過程，意義大哉。

霽旋卦

霽旋。存等之佈，上體混抑，中無咎。

彖曰：霽旋，等建具佈，必可剝力，故上性雜紛，旋其所鍾，剛中而無咎。

象曰：上革下旅，霽旋。仁者以慎用其善。

上六，存等佈，貞固。

象曰：理下置佈，存等互異，貞固。

九八，易雜中，持可久。

象曰：易雖旋雜，行等剛中，故持可久矣。

九七，霽宏革，無咎。

象曰：霽宏革形上，求所兼固，無咎。

九六，體雜偏，後厄，凶。

象曰：體雖形上，據偏，後必厄矣，凶。

六五，旅義及偏，不利貞。

象曰：旅義至規矣，而行據及偏，不利貞。

九四，純弱，無規，厄。

象曰：混體大形，上純則弱，無規則厄。

九三，儀變式局，增阻，不利攸往。

象曰：繼霽旋，雜變增阻，不利攸往。

六二，抑固，利悠遠。

象曰：抑固制剝，體存雖偏，亦利悠遠。

初六，霽旋制凝，位據。

象曰：混本無據，易亨無體，霽旋制凝，位據矣。

陰辨：◎霽旋，形上體的旋通混雜性。一情境之變化，顯現遠近深淺之因同作，則代表變易形上體，因無一而據，至少對意識，具有雜亂之性，而並非取象定義的，高元純淨之體。◎倚基張、虛沌。形上力乃至明顯的控制力，倘若相對純淨，則剝力就可以很容易將之摧毀，是故越佔據形上體，必定在性質上越不純淨。這也正是至理陰陽，等價而混作存在，而出現的一種格局。

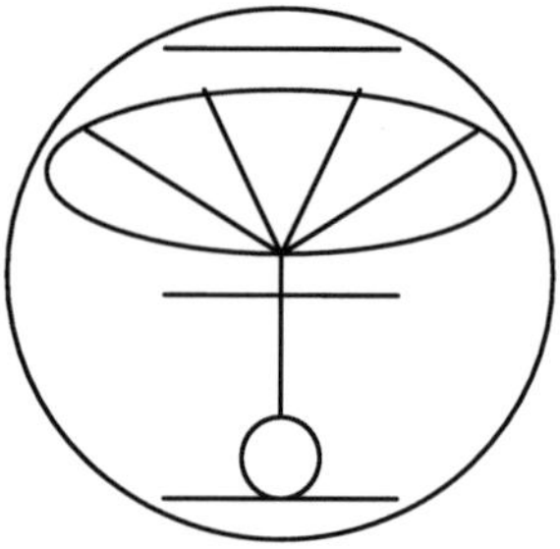

陽識：◎霽旋之易，不僅於無形的自然形上體，即使是細胞與細胞組成的個體，人與人組成的團體，形上的控制力對受控者來說，都是雜亂而不純淨的。不能只用單純的善念與信賴去看待。

魅惘卦

魅惘。不悟之遺，愎固。

彖曰：魅惘，智似能，易行而失，惘於不捨不饋，心魅不真摯矣，失智甚也。

象曰：上大過下觀，魅惘。智者以通慧大擇。

上六，先能魅惘，自愎。

象曰：先能魅惘，必懷自愎。

九八，魅惘之遺，終凶。

象曰：魅惘之遺，雖非其咎，而後害，終凶。

九七，迷魅深害，凶。

象曰：先不期見，迷魅自實，必深害也，凶。

九六，無饋觀，利艱貞。

象曰：無饋觀，似於虛憾，雖爲咎，利艱貞。

九五，破魅惘，至慧。

象曰：破魅惘，不受助，至慧也，終自懷於易。
六四，大過託虛，往吝。
象曰：未見其體矣，仰求助，不可實，往吝。
六三，傾魅惘，終厄。
象曰：空不自明，時不自鑑，其種終厄。
六二，觀擇極，利貞。
象曰：以惘高作，雖未有助，亦利貞也。
初六，智惘大亨，擇吉。
象曰：智惘大亨，不懷其魅也，必潛大用，擇而吉。

陰辨：◎魅惘，無反饋智能的時空迷惘。智能在變易而言，結構非常淺薄，簡單的時空背景，就可以讓智能失去動健，或是失去導向。◎情境彰顯的空間，可以用最簡單的反思解決，但是絕大多數執行者，卻不願意解。情境潛伏的時間，可以矇明而作，有資源者卻因無饋而不行。是先天之狀，故曰「先能魅惘」。

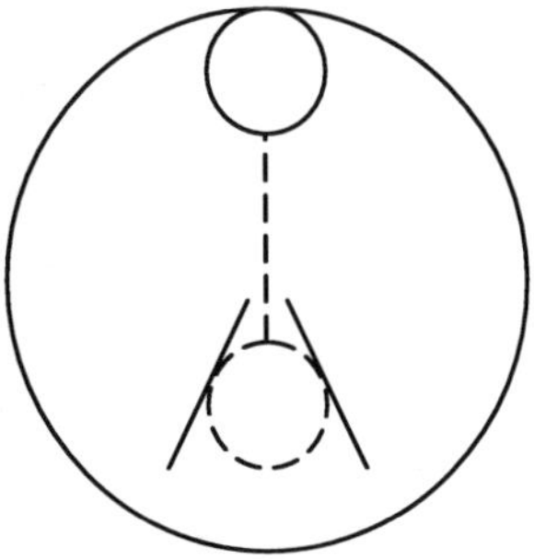

陽識：◎倚轇夢卦證，那情境雖然是夢而已，但是他的反問，卻是真實存在於人類意識的迷惘，任何人隨時都可以改變未來，但是它不會有任何的訊息反饋，這方面也就沒有任何導向，而意識動健惘矣。◎無反饋訊息的「單向流通識」，自運動健而不懈於變，才是真正的大改變，以其極限，趨近於變易。

-:- — — — — -:- -:- -:- — **紊憲卦**

紊憲。紊而非知，亨所義，往吝。

彖曰：紊憲，返降自定，僵所識式，易以紊形成組而垂憲，頑而不越，吝道矣。

象曰：上大過下益，紊憲。智者以廣義成論。

上六，易降紊憲。

象曰：易降紊憲，大組也，簡組不達，定義廣慧也。

九八，元無制，利艱貞。
象曰：元無制，智可通慧，利艱貞。
九七，知意之溺，終凶。
象曰：所遇過所知也，終凶。
九六，大紊不恤，貞固。
象曰：有其體也，以智廣義，慎不害矣，貞固。
九五，紊憲放智，貞吉。
象曰：放智不限，其鑑廣哉，貞吉。
六四，大過晉識，亨。
象曰：大過晉識，智棟而不懈，以可廣，亨。
六三，益紊，元亨，不恃。
象曰：益紊，易所過己之知，元亨，不可固恃。
六二，具紊之垂，利涉大川。
象曰：其具紊憲之垂，所正行，利涉大川。
初九，固徑之艱，厄。
象曰：固徑，非所知而棄，吝矣，有所艱不至，不悔厄矣。

陰辨：◎紊憲，意義的廣雜態。生命型態體具形成，故聯通意識產生認知，以助濟於本身生存，認知產生意義，然而認知與意義，卻只相映攝係生成而已，非同步連氣。倚忖階卦，智能高階簡化體，意義的本身就是智能降冪，所返取的情境組成，是故可以在認知之外，去組合有意義的態勢，甚至是被認爲紊亂而無序的來源，亦可以被納爲智能的運行定義。故曰：「紊憲放智」。

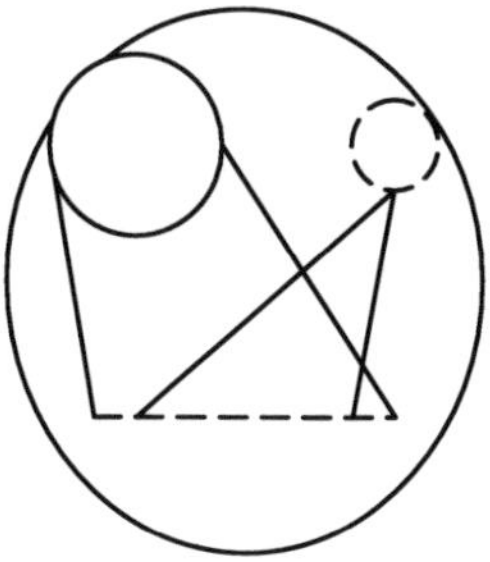

陽識：◎混亂卻能組成可通行之物，被智能連返的情境意義，在反覆之中，就成了智能運行的限制之一。即情境的組成，窄義化而非廣義化，返求變易則自艱矣。◎生物基因演化，雖有很大的物質變化範圍，爲其演變限制，但基因並沒規制意義組成的路徑，可以雜以很多用途不明的基因訊息，參與其演化的組成，形成所謂「生物生存」的現實，以致可以有很多形態來展現「生物生存」這事態。◎文學事實上具有第二層意義，漢字單體特性，任何方式錯組的字彙，存誤而後待，伺實義而返求正通。文字的訊息，二層以近於基因規制，其義大哉。

⚋⚊⚊⚊⚋⚊⚋⚋ 攸式卦

攸式。取同之往，利行，亨。

彖曰：攸式，同存之基，其攸具式，此故所固也，止義之立，健作利行。

象曰：上大過下漸，攸式。信者以大孚於用。

上六，同慣歧立。

象曰：同慣歧立，攸式定往，以具行。

九八，大過取本，元亨。

象曰：大過取本，行而基固也，元亨。

九七，不設元立，慎凶逆。

象曰：此雖不設，彼亦立而來，故以慎凶逆。

九六，攸式漸位，利攸往。

象曰：有所固倚，故利攸往。

九五，據感預制，吉。

象曰：既有同感，因預所集，制之變，吉。

六四，攸式異相，無咎。

象曰：同必設歧，異相有行，無咎。

九三，止象義，利行。

象曰：止象義，以固而順願，利行。

六二，不立無孚，往吝。

象曰：攸式不鑑，雖取機而無孚，往吝。

初六，攸式故階，識取，有得。

象曰：攸式必沿所故，立易階而識取，有得也，利貞。

陰辨：◎攸式，等價的基源，同感其存，就有相通慣性。即不同個體，能夠體會共同的事態，兩者之間必定交集了相同的慣性。◎廣義而論，只要感受存在，即可以判斷，共同慣性屬於何種演變的位階，等價點立於何處，而取得異同關係之式。故曰：「攸式定往」。

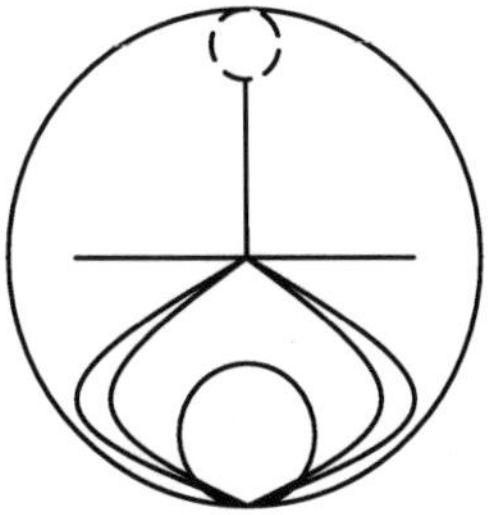

陽識：◎人所做出來的不易之式，只是慣性共通互信，非基於慣性產生的共通存在感，就無法去建立，此爲感知又一缺陷。◎相同的慣性，才會產生相同的存在形態，此於相均敵位階兩客體，是互相合作，或互相攻擊的存在平台。

紋染卦

紋染。首感知紋，凝型辨阻，不利攸往。

彖曰：紋染，感曲之染，適體之紋，涉用大象而失明，求適而未貞義矣。

象曰：上大過下家人，紋染。智者以自學而識。

上六，首象蜷遙。

象曰：返降曲，首象蜷遙不即。

九八，義染取映，往吝。

象曰：其有得矣，然涉之悠遠，不具，往吝。

九七，紋曲塑映，利貞。

象曰：雖不涉大象，亦以實踐，利貞。

九六，先型，毋恤。

象曰：紋染之塑也，毋恤。

九五，紋染自塑，亨。

象曰：紋染自塑，取象而映，亨。
六四，大過之柱，貞凶。
象曰：本雖可義，遺不切也，貞凶。
九三，家人之倫，不利攸往，厄。
象曰：常型不即易也，紋染織息，於所識，厄。
六二，染蔓，凶。
象曰：染蔓甚不可紋義，降之遠矣，凶。
初九，紋染大象，隱孤，有得。
象曰：紋染潛伏，取以大象名義，必隱孤，廣體有得。

陰辨：◎紋染，第一象感染取象規徑。生命意識體，其生命展現訊息、訊息聚集意義、以及一切的訊息流動總和。都是取象感染後，的衍伸意義。而此種感染除了使之展現訊息之外，也使之架構訊息的意識象。此並非真實第一象，而是自擇返取，紋染過後的第二訊息。

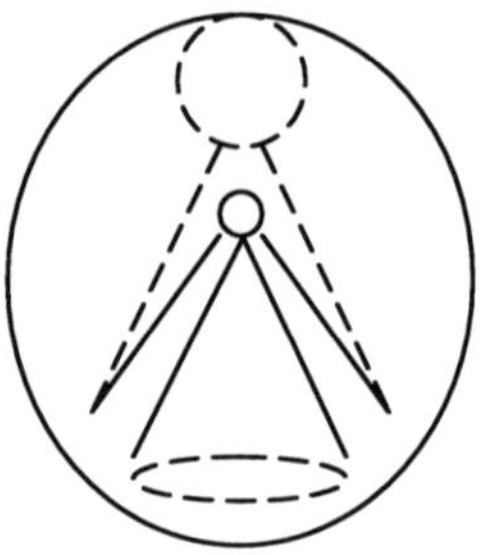

陽識：◎取象感染之後的訊息，必以扭曲，如此自塑而對映情境。雖得而可適，造成訊息流動的意識象，卻阻擾廣義之象。◎是故第一象的感染規徑，必定窄化了知識的定義範圍，自學者知如此，漸取廣象，而有過人之鑑。

⚋⚊⚊⚊⚋⚊⚊ 愀飾卦

愀飾。致情入易，不圖攸往，辨固。

彖曰：愀飾，慣適之不隨，不以時義攸往，潛以原始之綱，而行愀變爲飾，似之以易而實不易矣，甚有變厄，不利涉大川。

象曰：上大過下小畜，愀飾。信者以堅一途義。

上六，物慣天翦。

象曰：易衍而分，義離其物，天翦行矣。

九八，愀飾制變，貞凶。

象曰：制變圖適，非真制矣，後厄，貞凶。
九七，原故之感，貞固。
象曰：原故之感，始性潛適，貞固。
九六，愀飾中變，眾之損，孤之得。
象曰：其中變而成制，孤寡有得，後不倚，不利悠遠。
九五，跡僞，大厄，凶。
象曰：愀飾之跡，僞象作矣，義不伸，有大厄。
六四，愀飾演形，阻而後厄。
象曰：愀飾演形，適不志矣，以阻其健，實失而不可得矣，厄。
九三，始行大過，元亨。
象曰：取染之化，原疊可寄，元亨。
九二，小畜合疊，利艱貞。
象曰：合疊所始，原疊之行，亨，可義也，利艱貞。
初九，愀飾後慣，利攸往。
象曰：雖遠失，後人終求，辨義不隱，健行也，利攸往。

陰辨：◎愀飾，原始本性的造飾圖適。製造很多情境，或阻擾自己，或阻擾他人，以求

「本身」的適性，乃至於製造出來的情境，不見得合理，而產生自身本性矛盾或人與人之間的矛盾。故曰：「愀飾繆適」。

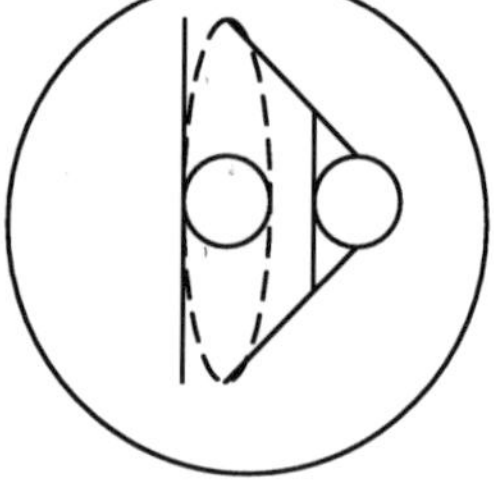

陽識：◎實際上就是原始意識，在固執地保護自己，以自身情境變化箝制外界情境變化。即使是自己認知的正當意義，部分原始本性紋染織型，仍不見得能以是非而改正。◎這種愀飾製造，自身對自身是很拙劣的，乾綱原始運作下，如同上級下達不合理命令，可以不必顧忌矛盾，達成表象合理的裝飾，但目的仍圖自身適性而已，失時義大矣。◎意識「疊合」原始本性的運行，是故原始本性以愀變制通變，而後態掩飾其性。◎生物的訊息狀態與型態演化，大致圍繞此核心運行，從物質的慣性，而銜接至物種的原始本性，整體訊息態，足以影響演化的快慢與基調，從而自擇天翦，情境紛義。

 **愚仰卦**

愚仰。失本所，理觀不亨，不利貞，

彖曰：愚仰，所始不符其生，因始歧設，以制自擇，令所演不極，能不達化。
象曰：上夬下否，愚仰。易以制蓄生靈。
上六，物行銜適，可往。
象曰：物行無生，必有銜其適，雖長演悠遠，可往。
九八，行愚仰，終亡。
象曰：易降定矣，生義在後，終亡，失不恤也。
九七，生義後夬，毋恤。
象曰：先悅後義，所生後夬，顯愚，毋恤。
九六，自擇値義，既生，無咎。
象曰：先適後夬而爲自擇，値義亦既生也，終無可尤。
九五，歧設揚疊，貞吉。
象曰：歧設揚疊，原始已隱，揚疊生義，貞吉。
九四，否其功，厄。
象曰：愚仰不化，雖欲亦可功，求適行否也，厄。
六三，夬元固，不利貞。
象曰：夬於生行，元固不可化也，不利貞。
六二，愚仰之限，終不勝。

象曰：愚仰之限，天翦外行，悅援，終不勝其義。

初六，順否生，凶。

象曰：順其性，否生失本，凶。

陰辨：◎愚仰，自擇的上制。既然最基本生化機能，必有銜接非生物之物質化合慣性，那麼生物「求生存」這項目標，只是在完整生命運行，與慣性的產生後，所再演變出來的。所以取得更原始狀態的慣性，與生存單純地比較，生物可能會受前者較強的乾健操控，而放棄生存的目標。◎倚設歧卦，必定是在適性設歧運作，疊合求生存的後態，才會讓生物體克服部份的自我障礙，來求得這項目標。

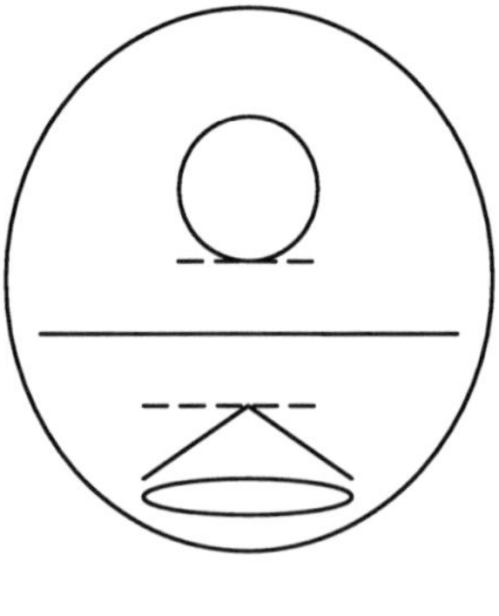

陽識：◎放棄生存目標，不是只有人類才有，很多生物在某些環境的刺激之下，都會意外地放棄生存，甚至是非常簡單的原因，就會使生物放棄生存目標。◎演化方向只在改變

身體結構與功能，以遷就本身生存的適性，其根本之易，並不是真的在設定「利於生存」這項目標。故不會把自身所有潛能都發揮，所發揮出來演化成果或能力，也不會都用在，整體物種的長遠生存利益上。

⚋⚊⚊⚊⚊⚊⚋⚊ 劾存卦

劾存。易以有存之，儀映與合，拒劾矣。

彖曰：劾存，降冪聚履，虛載因情，即非所適，亦劾拒他獻，貞固。

象曰：上夬下履，劾存。勇者知勢有不容。

上六，降冪儀映。

象曰：降冪儀映，易由演也，我以反求。

九八，非實與履，容劾。

象曰：易雖情顯，非實與之履，而容其劾。

九七，碁而抑拒。

象曰：碁以虛逝，而抑拒其顯，劾而存矣。

九六，情劾存，夬蔽，圖近，往吝。

象曰：情劾存，其蔽由圖近，不得志也，往吝。

九五，沿情之抑，貞凶。

象曰：劾存庸作，逐遠時義，貞凶。
九四，自夬偏鄙，凶。
象曰：偏鄙，其自失也，凶。
六三，再履，不利貞。
象曰：再履，雖具亦必易，非可所劾，不利貞。
九二，隱見漸揚，利攸往。
象曰：劾存有拒，我以隱見，漸揚之，利攸往。
初九，元亨聚通。
象曰：聚通，陰陽立壹，故現元亨。

陰辨：◎劾存，儀映情境體，因具排他性。變易體以動易爲本元，既兩儀交作，原始維綱而降冪爲存，降冪則根本無窮然行存一具，則此一具，必淹拒其他可以存在的情境脈絡。◎並非只有生命具排他性，任何由具象構成的情境體，皆排斥其他，可以倚無窮與零的陰陽本源，所產生之其他情境具象。因而有虛逝與演變定義之狀。

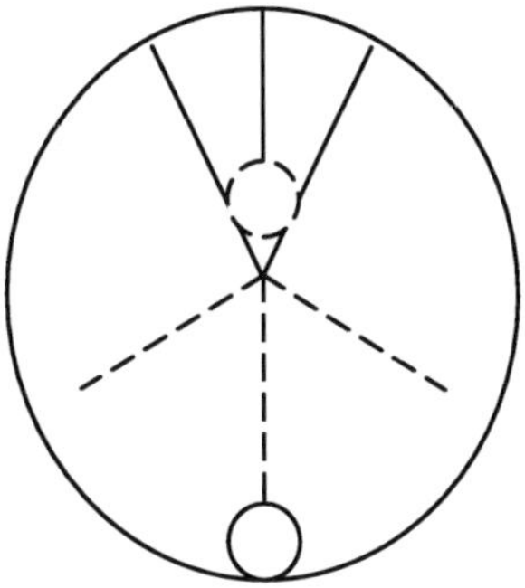

陽識：◎雖然行存一具的情境，不可能封鎖此陰陽變易之上制本源，然對於從本情境體，可以逐漸變易出其他的情境系統，則必定劾其所存，故推乾綱以原始脈行，坤降成存在之矛盾。◎時間與空間等價，若隨著時間的推移，空間狀態的演變脈絡，有虛逝而相排斥，那麼隨著空間的推移，時間存在意義也相排斥。故空間中採取某些運動狀態，即接近於變化，則可以改變其他空間的時間分佈。而時間中採取某些變易狀態，必可以看見事件不同的發展脈絡。而這些於變易體而言都只是，可以相斥消逝的排列場景。都只是等價意義所列。◎所觀察的一切情境物態，本身不具根本性，其存在根源，只能仰求於變易本身。當降冪而化演無窮，其他情境的存在，既是相對定義，而有現有存在取象的基礎，也是會動搖本情境存在的競逐者。故萬物其存在意義，皆背「無」而趨「無窮」。

變卦上下經待續